AF410948

CERCLE DE LA PRESSE SCIENTIFIQUE

COMMISSION

DE

L'AIR COMPRIMÉ

M. FÉLINE
Président

M. H. GAUGAIN
Rapporteur

RAPPORT DE LA COMMISSION

PARIS

IMPRIMERIE GUIRAUDET ET JOUAUST
RUE SAINT-HONORÉ, 338

1858

COMMISSION

DE

L'AIR COMPRIMÉ

M. FÉLINE, Président

M. H. GAUGAIN, Rapporteur

RAPPORT DE LA COMMISSION

MESSIEURS,

Vous n'avez point oublié que, dans la séance du 8 mars dernier, M. Andraud vous a fait une communication dont l'importance a vivement frappé tous les membres présents à la séance.

En effet, M. Andraud, qui, comme on sait, a consacré toute sa vie à l'étude théorique et pratique de l'emploi de l'air comprimé, et dont les belles expériences, non moins que les savants ouvrages, ont contribué puissamment aux progrès actuels de cette nouvelle branche de la dynamique, si injustement dédaignée par l'industrie; M. Andraud, disons-nous, vous a fait connaître qu'un professeur d'Helsingfors, M. Baranowsky, enthousiaste de l'air comprimé, dont il avait vu les premiers essais en France et en Sardaigne, a publié sur ce sujet un mémoire qui, soumis au ministre des travaux publics de l'empire russe, a donné lieu à une enquête.

Le résultat officiel de cette enquête a été mis sous les yeux de Sa Majesté l'Empereur Alexandre II, qui a témoigné son désir que M. Baranowsky pût réaliser en Russie l'application pratique des faits énoncés par lui.

M. Andraud, à qui M. Baranowsky lui-même avait fourni ces détails, ne vous les a d'ailleurs communiqués qu'en vous exprimant un regret : « N'est-il pas fâcheux, a-t-il dit, de voir une industrie, née en France, et à laquelle, depuis plus de trente ans, des Français ont inutilement consacré leurs travaux, leurs veilles et leurs soins, émigrer pour ainsi dire en Russie, et chercher, loin du sol natal, un appui qui lui manquait parmi nous? »

C'est alors, Messieurs, que l'un d'entre vous, M. Roubaud, a demandé la parole et a proposé, vu la gravité de la question, de sortir pour cette fois des limites posées par vos statuts; puis il a exprimé le vœu que, par l'organe d'une Commission nommée à cet effet, le Cercle de la presse scientifique, accomplissant en cela plus largement la mission qu'il s'est donnée, prît franchement l'initiative du développement, en France, d'une idée dont le principe fondamental est l'emploi de forces immenses et presque gratuites, négligées jusqu'à ce jour.

La proposition généreuse de notre savant collègue fut, vous le savez, Messieurs, accueillie par acclamation; et, séance tenante, MM. Andraud, Brussaut, Féline, Gangain, Mallez, Mareschal, Martin de Brettes, Roubaud, Silbermann, Thomé de Gamond et Vergne, auxquels ont été adjoints MM. Desnos, Jullienne et Perrot, furent désignés par votre honorable président pour faire partie de cette Commission.

Jalouse de justifier la confiance dont vous l'avez honorée, votre Commission, Messieurs, s'est livrée avec ardeur aux études que nécessitait l'examen des questions multiples dont elle a dû s'occuper; c'est le résultat de ce long travail que je vais avoir aujourd'hui l'honneur de vous soumettre en son nom.

Nommée le lundi 8 mars, votre Commission se réunissait dès le 13, et, sur la proposition de l'un de nous, on convint unanimement que le but de nos réunions devait être de constater, s'il y avait lieu:

1° Que l'air comprimé, employé comme force motrice ou comme agent de locomotion, est, en tant que fluide élastique, applicable, aussi bien que la vapeur, tant aux machines fixes qu'aux machines locomotives.

2° Que cette force peut, dans certains cas, être obtenue presque gratuitement, et que, principalement sous ce rapport, elle mérite au plus haut degré de fixer l'attention sérieuse des savants, des ingénieurs spéciaux et des industriels.

Ces premiers points résolus, on tomba d'accord qu'il y aurait lieu d'examiner, avant tout, les diverses applications tentées ou réalisées; d'en indiquer la portée, d'en signaler au besoin l'insuffisance, et d'indiquer, s'il se pouvait, des moyens d'amélioration.

En dernier lieu, l'on résolut d'étudier, indépendamment des moyens de compression usités jusqu'à ce jour, la compression par l'eau, proposée et expérimentée depuis plusieurs années par M. Jullienne, en tâchant surtout de préciser les meilleurs moyens d'appliquer ce nouveau mode de compression de l'air aux usages industriels.

Ce programme étant adopté, la Commission a procédé à la formation du bureau; et, sur la proposition de M. Andraud, on a tout d'une voix déféré les honneurs de la présidence à l'honorable M. Féline, auquel ont été adjoints, comme secrétaires, MM. Desnos et H. Gaugain.

Restaient à préciser les applications diverses dont on était convenu de s'occuper tout d'abord, et M. Thomé de Gamond fit observer à cet égard que, dans l'état actuel de la science, il y en avait sans doute plus d'inconnues que de connues; ajoutant que même il en devait être beaucoup qu'on ne pouvait, quant à présent, ni soupçonner ni prévoir.

Il fallait bien cependant s'arrêter à quelque chose, et, après une courte discussion, l'on décida, sur la proposition de M. Féline, qu'on s'occuperait successivement des diverses applications suivantes:

1° Percement des puits (système Triger);

2° Aération des mines;

3° Refoulement du grisou et des eaux;

4° Élévation des liquides;

5° Transport de la force à domicile;

6° Percement des tunnels et roches;

7° Locomotives et chemins de fer;

8° Locomobiles (labourage et agriculture);

9° Chemins éoliques;

10° Chemins mixtes;

11° Remorqueurs sur fleuves et canaux;

12° Armes de guerre, fusées et pièces d'artifice;

Et 13° enfin des divers moyens de compression mis en usage ou proposés jusqu'à ce jour.

Vous le voyez, Messieurs, les données sont assez nombreuses, et les questions relatives à quelques-unes d'entre elles ont été, pendant plusieurs séances, le sujet de discussions sérieuses et approfondies.

Sans suivre rigoureusement ici l'ordre dans lequel ces discussions ont eu lieu, nous nous bornerons à les résumer, n'en prenant pour ainsi dire que la substance, de manière à vous épargner l'ennui presque inséparable de la monotonie obligéc des procès-verbaux des séances ; car notre travail a surtout pour but de vous faire connaître, Messieurs, l'opinion de la Commission sur les douze questions soumises à son examen.

Quant à la treizième, exclusivement relative aux moyens de compression, bon nombre de membres étaient d'avis qu'on s'en occupât immédiatement, sauf à s'occuper ultérieurement des applications qui, pour la plupart, ont déjà plus ou moins reçu la sanction de l'expérience ; mais l'ordre de discussion proposé par M. Féline, et vivement appuyé par M. Andraud, ayant enfin prévalu, c'est dans cet ordre aussi que nous avons l'honneur de vous présenter notre rapport, qui se divise ainsi naturellement en plusieurs paragraphes distincts, dont chacun est consacré tout entier à l'étude de la question spéciale qui lui sert de titre.

PREMIER PARAGRAPHE

APPLICATION DE L'AIR COMPRIMÉ AU PERCEMENT DES PUITS (SYSTÈME TRIGER).

On sait que, dans quelques circonstances, le foncement des puits de mine et celui des excavations profondes, nécessaires à l'établissement de certains travaux, présentent de grandes difficultés, soit à cause de la perméabilité du sol, qui permet aux eaux d'infiltration d'envahir la fouille, soit à cause de la mobilité de quelques terrains plus ou moins susceptibles d'être entraînés par les eaux à l'état de boue délayée, et par conséquent de nature à s'opposer au travail.

Outre que les machines d'épuisement ne sont pas toujours suffisantes, il est des cas où l'application de ces moyens serait pour ainsi dire impossible, et c'est pour obvier sûrement à des difficultés de ce genre que M. Triger, ingénieur, après en avoir à plusieurs reprises causé avec M. Andraud, a eu recours à l'air comprimé, dont la puissance expansive a pu seule triompher d'obstacles que, par tout autre moyen peut-être, il n'eût que difficilement aplanis.

M. Triger avait un puits à percer à travers les sables de la Loire, et il y parvint au moyen d'un tube en fonte qui s'enfonçait graduellement à mesure que, travaillant à l'intérieur, les ouvriers creusaient le sol humide et mouvant sous leurs pieds.

D'après les renseignements très curieux fournis à votre Commission par M. Andraud, une pompe de compression très puissante refoulait l'eau dans ce tube à mesure qu'il s'enfonçait, et, au moyen du sas à air dont il était surmonté, les ouvriers pouvaient sans peine y entrer et en ressortir, y travailler à pied sec et donner issue aux déblais à mesure qu'ils se produisaient.

Ces intéressants travaux ont été, d'ailleurs, consignés et minutieusement décrits dans le Bulletin de la Société impériale d'encouragement pour l'industrie nationale, et la plupart d'entre vous, Messieurs, doivent en avoir connaissance.

Cette ingénieuse idée de M. Triger avait déjà, d'ailleurs, reçu une application différente, mais analogue, dans l'appareil bien connu sous le nom de cloche à plongeur.

Dans cet appareil, en effet, même à d'assez grandes profondeurs, c'est l'air comprimé qui s'oppose à l'invasion du liquide au sein duquel est la cloche où les ouvriers travaillent au fond de l'eau, toujours refoulée au dehors par un afflux d'air en excès.

L'air est comprimé dans la cloche au moyen d'une double pompe à air, dont le jeu est alternatif comme celui d'une pompe à incendie, et que plusieurs ouvriers manœuvrent à la surface, sur le pont même du bateau-ponton qui porte la cloche à plongeur.

Cet appareil si utile vient de recevoir, aux États-Unis, de remarquables perfectionnements, et chacun de vous, Messieurs, a pu voir fonctionner, au pont Royal, l'appareil plongeur de MM. Hallet et Williamson, baptisé par les Américains du nom significatif de Nautilus.

Le Nautilus, en effet, se distingue de la cloche à plongeur proprement dite par l'indépendance presque absolue de ses allures, puisque, à l'exception du tube en caoutchouc qui lui porte incessamment la quantité d'air comprimé dont il a besoin, rien ne le rattache, d'ailleurs, au navire qui l'accompagne et où se trouve installé l'appareil de compression.

Cet appareil, en lui-même, a surtout fixé notre attention, car la compression de l'air y est obtenue au moyen de l'eau; et, dans l'organe qui alimente le réservoir d'air comprimé, et que l'inventeur, M. Williamson, désigne sous le nom de air-pump, le piston liquide est fort ingénieusement substitué au piston solide.

Nous reviendrons un peu plus tard sur certains détails de cette construction qui pourront vous intéresser, car on la dirait empruntée au système proposé depuis dix ans et plus par M. Jullienne ; bornons-nous à dire, quant à présent, que les ouvriers sous-marins chargés de la manœuvre du *Nautilus* peuvent, au moyen de l'air comprimé dont ils disposent, et sans secours extérieur, immerger plus ou moins profondément l'appareil, le diriger par eux-mêmes à droite ou à gauche, en avant ou en arrière, et le remonter à la surface, à l'instant où cela leur convient et avec la plus grande facilité.

Une quantité d'eau plus ou moins grande, tantôt admise dans les compartiments latéraux du *Nautilus*, et tantôt chassée de ces mêmes compartiments par l'air comprimé qui la refoule, augmente ou diminue à volonté la pesanteur spécifique de l'appareil, qui devient ainsi, vous le comprenez, Messieurs, un véritable hydrostat. C'est une des applications les plus complètes et les plus curieuses qui aient encore été faites de la force expansive de l'air comprimé comme moyen de s'opposer à l'envahissement des eaux et des boues liquides dans l'intérieur de certaines capacités déterminées.

DEUXIÈME PARAGRAPHE

APPLICATION DE L'AIR COMPRIMÉ A L'AÉRAGE DES MINES.

On sait que l'aérage des mines s'opère, la plupart du temps, *par extraction ;* c'est-à-dire que l'air du fond de la mine est aspiré vers la surface et rejeté au dehors; moyennant quoi, l'air extérieur, pénétrant par une autre issue, va remplacer dans la mine celui qu'on vient d'en extraire.

A ce système d'aérage par extraction, presque toujours insuffisant et dispendieux dans tous les cas, M. Andraud propose de substituer l'aérage *par insufflation*, qui aurait le double avantage d'être moins cher et de prévenir efficacement les terribles explosions du grison.

L'étude approfondie de ces malheureux accidents, qui n'ont fait que trop de victimes, a permis d'en déterminer la cause ; et dès que la cause est connue, on en peut prévenir l'effet.

Or, ce qui arrive le plus souvent, c'est que, par suite même de l'aérage ou de la ventilation des houillères, dans l'état actuel de cette industrie, la proportion nécessaire dans le mélange des deux gaz pour déterminer l'explosion est souvent possible ; et voilà précisément ce qu'il s'agit d'éviter.

Nous ne rappellerons pas ici, Messieurs, toutes les phases de la discussion qui s'est élevée à ce sujet, et nous nous bornons à citer les intéressantes explications apportées par MM. Desnos, Mallez et Mareschal :

Une fois admis ce principe : que le grisou ne détermine et ne peut déterminer l'explosion que s'il se trouve mélangé dans de certaines proportions avec la masse d'air ambiant, il ne restait plus à trouver qu'un moyen sûr de modifier au besoin cette proportion qui, seule, peut amener le danger.

C'est ce qu'a fait M. Deroux en proposant, comme moyen de changer les proportions fulminantes et mortelles en proportions inoffensives, une injection d'air atmosphérique assez rapide et surtout assez abondante pour modifier sensiblement la constitution chimique de l'atmosphère de la mine.

M. Desnos a fait hommage à votre Commission du mémoire ci-joint de cet habile ingénieur des mines, sur l'application de l'air comprimé ; ce mémoire est trop intéressant, Messieurs, pour n'être pas reproduit dans le compte rendu que nous avons l'honneur de vous faire des travaux de votre Commission :

La pression n'est jamais et ne peut jamais être telle, que les ouvriers en soient gênés dans leur travail ; et, comme il est toujours aisé de comprimer l'air au moyen de forces naturelles dont la dépense est nulle, pour ainsi dire, on ne saurait trop engager les propriétaires de houillères, et surtout MM. les ingénieurs chargés de la direction des travaux, à essayer de ce moyen, dont l'application est partout facile et qui ne peut que contribuer puissamment à rendre moins dangereuse la profession si pénible de nos braves ouvriers mineurs.

« L'air atmosphérique, dit M. Deroux, a une composition à peu près constante et ne varie que dans des limites excessivement restreintes. Ainsi, la composition normale de l'air est la suivante : 21 parties d'oxygène et 79 parties d'azote, mêlées à une faible quantité d'acide carbonique et de vapeur d'eau.

« Il n'en est pas de même dans l'intérieur des mines, où plusieurs causes viennent modifier la composition de l'atmosphère et vicier l'air nécessaire à la respiration des ouvriers et à la combustion des lampes. Les causes principales qui modifient la composition de l'air sont :

« 1° La soustraction de l'oxygène ; 2° la présence de l'azote en excès ; 3° la présence de l'acide carbonique ; 4° celle de l'hydrogène sulfuré ; et 5° le mélange de l'hydrogène protocarboné ou grisou.

« La soustraction de l'oxygène a lieu par la respiration des hommes, la combustion des lampes, et enfin par la décomposition chimique de certaines substances.

« Dans l'acte de respiration, l'azote est entièrement aspiré ; une partie de l'oxygène est remplacée par de l'acide carbonique et de la vapeur d'eau.

« La combustion des lampes absorbe une quantité d'oxygène variable avec la nature et le poids du combustible. Le résultat de la combustion est la formation de l'acide carbonique et de la vapeur d'eau.

« L'absorption de l'oxygène par la décomposition de certaines substances se produit par la transformation des sulfures en sulfates, la fermentation des substances organiques, la déflagration de la poudre et la combustion lente, à laquelle sont soumises certaines espèces de houille.

« L'azote en excès n'asphyxie que par suite de la privation d'oxygène ; car l'air, contenant un excès d'azote, peut être respiré sans danger et entretenir des lampes, puisque l'asphyxie n'est déterminée que quand l'air ne contient plus que 15 p. 100 d'oxygène.

« L'acide carbonique est formé par la respiration des hommes, la combustion des lampes, la déflagration de la poudre, la décomposition de certains carbonates, la fermentation putride des matières végétales ou animales, et la combustion lente de la houille ; il se dégage aussi des fissures des terrains. Ce gaz est plus pesant que l'air ; sa densité est de 1,524. Il existe dans presque toutes les excavations où l'air ne se renouvelle pas. L'homme ne peut respirer sans danger une atmosphère qui renferme 8 p. 100 de ce gaz, et les lumières s'éteignent quand la proportion est de 10 p. 100. L'asphyxie par ce gaz a lieu dans un temps très court.

« L'hydrogène sulfuré se forme par la décomposition des pyrites de fer et la détonation de la poudre. Ce gaz prend feu au contact d'un corps enflammé; sa pesanteur spécifique est de 1,19. Ce gaz asphyxie d'une manière très prompte. Dans les mines sujettes à la formation de ce gaz, et peu aérées, les ouvriers contractent une maladie nommée *anémie*, caractérisée par la pâleur de la face et une débilité croissante (chlorose).

« L'hydrogène proto-carboné, ou GRISOU, est composé de deux volumes d'hydrogène et d'un volume de carbone, condensés en un seul; sa pesanteur spécifique est de 0,555. Ce gaz brûle avec une flamme bleu-pâle, peu lumineuse; la combustion produit de l'eau et de l'acide carbonique. Il se dégage souvent des fissures des roches, surtout dans les mines de houille, et s'échappe des cellules de la houille exploitée avec un bruit analogue à celui que produit l'eau chauffée dans les instants qui précèdent l'ébullition. C'est le plus souvent dans les houilles grasses qu'on le rencontre. Cependant il s'en trouve parfois dans la houille maigre, quelquefois même, dans une même couche, des parties donnent du grisou, tandis que d'autres n'en ont pas. Ces parties sont ordinairement séparées par une faille ou un étranglement.

« Dans les formations qui renferment des couches de houille à grisou, ce gaz s'écoule par les fissures des bancs de grès ou de schistes intermédiaires entre les couches. Tantôt il sort en jets animés d'une certaine vitesse, nommés *soufflards*, par des fentes dans les bancs de grès; tantôt il s'échappe avec un léger bruit entre les feuillets multipliés d'un banc de schiste. Il se dégage plus abondamment dans les endroits qui avoisinent les failles, amincissements, etc.

« Les proportions dans lesquelles ce gaz entre dans la composition de l'atmosphère d'une mine font varier d'une manière sensible les effets qui peuvent en résulter. Ainsi, lorsque ce gaz est mêlé à l'air atmosphérique dans une proportion variant de 1/30 à 1/15, la flamme d'une lampe, plongée dans ce mélange, s'allonge et s'élargit d'autant plus que la quantité de ce gaz va en augmentant; la flamme de la lampe est environnée d'une auréole bleu-pâle, plus sensible à la pointe.

« Lorsque la quantité de gaz est de 1/14, l'inflammation se propage dans toute la masse, mais sans forte détonation, car il résulte des expériences de Davy que l'explosion n'a lieu que quand la proportion du gaz dépasse 1/13.

« Lorsque l'hydrogène carboné forme le 1/12 de la masse de l'air, le cylindre métallique d'une lampe de sûreté s'emplit d'une flamme bleue très intense, au milieu de laquelle on distingue la flamme de la mèche.

« L'inflammation est d'autant plus rapide que la proportion du gaz augmente jusqu'à 1/8 ou 1/9 du volume total. *A ces proportions, le mélange est explosif au plus haut degré.* — Dans la proportion de 1/5 à 1/6, tout le cylindre se remplit d'une flamme assez éclatante au milieu de laquelle celle de la mèche disparaît et la toile rougit facilement. Au fur et à mesure que la proportion de gaz augmente, le mélange devient de moins en moins explosif et ne s'enflamme plus, et la lampe s'éteint lorsqu'il y a plus de 1/3 de gaz.

« Dans tous les cas, l'inflammation du gaz *n'est jamais déterminée* par le contact du charbon ou du fer portés au rouge.

« L'hydrogène carboné asphyxie par le manque d'oxygène lorsqu'il forme plus du tiers du volume total de l'air. En de moindres proportions, il peut être respiré sans danger.

« L'azote ou l'acide carbonique mêlé, en assez faible proportion, à un mélange explosif, affaiblissent et même préviennent les détonations. Un septième d'acide carbonique, ajouté au mélange le plus explosif, suffit pour prévenir l'explosion.

« Davy a remarqué dans ses expériences qu'un mélange explosif s'échappant d'un réservoir, avec une certaine vitesse, ne peut être enflammé qu'à une certaine distance de l'ouverture, c'est-à-dire quand cette vitesse est de beaucoup diminuée.

« En vertu de sa moindre densité, le grisou occupe la partie supérieure des excavations, et, malgré la propriété de diffusion des gaz, il est toujours bien plus concentré vers le haut. Il se trouve surtout dans les vieux travaux des houillères à grisou, où il forme presque toujours un mélange explosif.

« Tout le monde connaît les effets désastreux produits dans les houillères par les explosions du grisou. Ces explosions terribles détruisent les travaux, font ébouler les galeries, renversent les bâtiments de la surface, et causent la mort de nombreux ouvriers, soit en les lançant, par la force du courant explosif, contre le sol ou les parois des galeries, soit en les exposant aux éboulements qui se produisent ou aux dangereuses blessures résultant de l'inflammation du gaz; soit enfin en frappant de mort par asphyxie ceux qui ont échappé aux autres effets de l'explosion. Un fait constant a été remarqué dans les mines sujettes au *dégagement du grisou*, *c'est que ce dégagement augmente par suite de l'abaissement de la pression atmosphérique et diminue quand cette pression devient forte.* Ce fait a été consigné par tous les hommes compétents qui se sont occupés de l'importante question de l'aérage des mines.

« Ainsi, quand la pression atmosphérique diminue, la production du gaz augmente dans de notables proportions. Ces faits, basés sur l'expérimentation, sont au reste confirmés par la statistique des accidents.

« On a aussi remarqué que par les temps d'orage et les jours où le vent souffle constamment du sud-est, c'est-à-dire après s'être échauffé en traversant les vastes étendues du continent, les explosions sont aussi plus fréquentes qu'en d'autres temps, par la raison que des causes analogues se produisent alors.

« N'est-il pas possible de *prévenir le dégagement du grisou, en augmentant la pression de l'air de la mine?* J'ai cru pouvoir résoudre cette question affirmativement.

« Plusieurs précédents venaient du reste en aide : c'étaient les diverses applications heureuses que l'on avait faites de l'appareil à air comprimé inventé par M. Triger, ingénieur civil, pour le percement des puits dans les terrains aquifères, dont la traversée avait été reconnue impossible ou trop dispendieuse à l'aide des procédés et des machines d'épuisement ordinaires.

« Puisque l'air comprimé à 2 ou 3 atmosphères peut empêcher la filtration de l'eau dans les puits en percement, il a semblé que ce moyen serait aussi efficace pour empêcher le dégagement du grisou dans les mines, puisque des variations de pression aussi peu considérables que celles de l'atmosphère modifient d'une manière permanente le dégagement de ce gaz.

« Deux questions restaient alors à résoudre, savoir :

« 1° Les ouvriers peuvent-ils vivre dans des conditions normales dans un milieu soumis à une pression de 2 ou 3 atmosphères?

« 2° Peut-on établir ce système sans changer considérablement le mode de travail et d'établissement actuellement en usage dans les mines?

« Ces questions sont aisément résolues.

« Il a été prouvé, par l'emploi plusieurs fois répété de l'appareil dont nous venons de parler, que les ouvriers ne sont nullement incommodés par leur séjour au milieu d'une atmosphère soumise à une pression supérieure, qu'ils n'en ressentent aucun malaise, pourvu qu'ils ne se livrent à aucun excès d'intempérance avant de se rendre à leur travail. Au reste, le malaise qui peut être ressenti par les ouvriers se dissipe au bout de très peu de temps et n'est, au fait, qu'une question d'habitude.

« Quant à la seconde question, elle ne présente guère plus de difficultés. Le système proposé peut être établi sans rien changer au mode d'exploitation et de distribution intérieure de la mine.

« *Il suffit d'introduire et de conserver dans la mine la pression nécessaire pour paralyser l'action du grisou ou des autres gaz qui vicient l'air respirable.*

« Ainsi, un ventilateur quelconque lance dans la mine, par le puits aux échelles, l'air nécessaire à la pression à établir. L'entrée du puits aux échelles, servant à l'introduction des ouvriers, est isolée à l'aide de plusieurs portes hermétiques, assez espacées pour que, lors du passage des ouvriers, la déperdition d'air ne soit pas trop considérable et de façon qu'une au moins de ces portes soit fermée.

« Supposons donc un minimum de trois portes, ce qui établira deux sas avant d'arriver à la partie de la galerie ou du puits soumise à la pression normale de la mine.

« L'air du premier sas aura une pression légèrement supérieure à celle de l'air extérieur, celle du second sas sera aussi à une pression supérieure à celle du premier, de sorte que l'ouvrier n'arrivera ainsi à être soumis à l'air à haute pression qu'insensiblement, et après avoir passé dans une atmosphère de plus en plus chargée. Le passage se fera donc, sans transition brusque, de l'extérieur à l'intérieur de la mine.

« Une disposition analogue sera prise, aux envoyages ou accrochages, pour le passage des chariots venant de la taille ou y retournant. Seulement, ici, la difficulté étant plus grande, on devra employer, soit des portes à bascule se mouvant au moyen d'un ressort, soit des portes ordinaires dont toutes les jointures seront garnies de cuir graissé, de peau de mouton ou de caoutchouc.

« La chambre d'accrochage sera maçonnée et divisée en deux compartiments dans toute sa longueur : l'un des compartiments, destiné au passage des chariots venant de la taille ; l'autre, à leur retour. Le tout devra être fait en bonne maçonnerie bien étanche, et muni de trois portes bien closes et convenablement accrochées (1).

« L'air, descendant par le puits aux échelles, se rend dans les travaux par les moyens ordinaires, troussages, etc. La galerie conduisant les ouvriers du pied des échelles à l'intérieur de la mine, ne doit déboucher, dans le bouveau, qu'au delà du sas à air. Au reste, la pratique pourra indiquer les moyens propres à établir le sas à air de manière à faciliter le service, tout en maintenant l'air de la mine à la pression voulue.

« Si, pour une cause quelconque, le ventilateur venait à cesser de fonctionner, il n'y aurait qu'à ouvrir les portes du sas à air et à allumer le foyer d'appel débouchant dans le puits : l'éclairage marcherait à la manière ordinaire.

« Si une explosion se produisait, les ouvriers échappés à l'accident, remontant par les échelles, rencontreraient une colonne d'air frais qui dissiperait tous les symptômes d'asphyxie.

« Si nous supposons une mine infectée de grisou et dans des conditions imminentes d'explosion, c'est-à-dire si le grisou forme le 8e ou le 9e de l'atmosphère de la mine, et que la pression soit portée à 2 atmosphères, la proportion du grisou sera réduite à 1/16 ou à 1/18, et alors les chances d'explosion seront évitées.

« D'un autre côté, au moyen de cette pression, *le dégagement du grisou cessera, et la mine restera dans de bonnes conditions de travail* (2).

« Au reste, chaque nuit, on peut balayer le grisou qui aurait pu se dégager, malgré l'emploi du procédé ; en ouvrant les portes des sas à air et faisant marcher le ventilateur pendant quelques minutes, tout l'air de la mine sera expulsé et remplacé par une égale quantité d'air frais.

« La lampe de Davy, dont les indications sont si précieuses pour le mineur, fournissant des indices certains de la présence du grisou, le porion de jour

ne laissera descendre les ouvriers qu'après que le porion de nuit lui aura mandé que la mine se trouve en bon état.

« Admettant que la capacité d'une mine ordinaire soit de 10,000 mètres carrés, le ventilateur de M. Fabry, aspirant ou foulant, par seconde, 16 mètres cubes d'air environ, mettra, pour doubler le volume d'air de la mine, 625 secondes, ou 10 1,2 minutes environ, soit, enfin, 20 à 25 minutes pour porter la pression à 3 atmosphères.

« Portant même ce temps à une heure, il est évident que, quelle que soit la perte d'air qui aura lieu pendant le balayage du grisou, cette perte peut être réparée dans un temps très court. »

À l'époque où ce travail nous fut remis, nous le jugeâmes à tel point d'utilité générale, que nous crûmes devoir le publier dans le *Journal des Mines*, en l'accompagnant, toutefois, de légères observations basées sur notre opinion personnelle, relativement à la théorie du dégagement du gaz hydrogène carboné dans un milieu gazeux plus ou moins dense.

M. Deroux nous fit l'honneur de répondre à ces modestes observations, et nous joignons ici cette réponse, qui ne peut que jeter un nouveau jour sur la solution prochaine de la question.

Vous savez assez, Messieurs, que, pour les nombreux ouvriers mineurs, condamnés à passer leur vie dans les profondeurs obscures de nos houillères, cette question est, à vrai dire, une question de vie ou de mort !

Voici la réponse de M. Deroux :

« La question de l'emploi de l'air comprimé dans l'industrie est aujourd'hui à l'ordre du jour, et c'est à ce titre que le *Journal des Mines* a publié ma notice relative à son emploi pour l'assainissement des houillères et la sécurité de leur exploitation. Tout en admettant le principe sur lequel je me suis basé, M. H. Gaugain ne semble l'envisager que sous un point de vue secondaire, celui de la diffusion du gaz hydrogène protocarboné dans une plus grande masse d'air.

« Ainsi, je disais : « Au moyen de cette pression (celle de l'air), le *dégagement du grisou cessera, et la mine restera dans de bonnes conditions de travail.* » M. Gaugain fait suivre cette phrase du renvoi suivant :

« Ce côté de la question nous semble moins facile

---

(1) À cet effet, on pourrait employer les nouvelles et ingénieuses fermetures de portes de M. le baron Heurteloup.

(2) Ce côté de la question nous semble bien moins facile à résoudre *a priori* que l'autre, et, contrairement à M. Deroux, nous pensons que si l'accumulation de l'air extérieur diminue la proportion de grisou, ce qui est patent, l'augmentation de densité pourrait bien augmenter plutôt que restreindre le dégagement de ce gaz. H. G.

« à résoudre *a priori* que l'autre, et, contrairement
« à M. Deroux, nous pensons que si l'accumulation
« de l'air extérieur diminue la proportion du gri-
« sou, ce qui est patent, l'augmentation de densité
« pourrait bien augmenter plutôt que restreindre
« le dégagement de ce gaz. »

« M. Gaugain perd ici de vue le principe constant sur lequel je me suis basé pour établir le procédé faisant l'objet de ma susdite notice, à savoir :
*que le dégagement du grisou augmente par suite de
l'abaissement de la pression atmosphérique, et diminue, quand cette pression devient plus forte.* Ce
fait a été constaté, comme je l'ai dit, dans toutes
les houillères à grisou.

« Que l'atmosphère de la mine soit réelle ou fac-
tice, l'effet sera le même, l'air atmosphérique étant
l'agent employé dans les deux cas, et le problème
que je m'étais posé, et que je crois avoir résolu,
était de *prévenir le dégagement du grisou, en augmentant la pression de l'air dans la mine.*

« A l'appui de ce que j'avance ici, je pourrais citer l'opinion de beaucoup d'auteurs et d'hommes
spéciaux, mais cela nous entraînerait trop loin, et
il me semble préférable de laisser parler les faits,
la brutalité des chiffres convainquant généralement
mieux que tous les raisonnements. Ainsi, la preuve
matérielle de ces faits se manifeste clairement dans
la table ci-jointe des explosions du feu grisou arrivées en Belgique de 1820 à 1850, et dressée d'après
les documents statistiques officiels du ministère des
travaux publics :

PÉRIODE DE 1820 A 1850.

Mois.	Nombre d'accidents.	Nombre de blessés.	Nombre de tués.	Nombre de victimes.
Janvier . . .	12	34	15	49
Février . . .	11	39	13	52
Mars	23	108	164	272
Avril	28	86	151	237
Mai	28	84	129	213
Juin	20	56	125	181
Juillet. . . .	19	86	26	112
Août	20	80	95	175
Septembre .	14	48	13	61
Octobre. . .	6	22	»	22
Novembre. .	17	78	49	127
Décembre. .	18	67	56	123
Totaux. .	216	788	836	1,624

« Comme on le voit par ce tableau, les mois les
plus meurtriers, sous le rapport des coups de feu,
sont les mois de mars, avril et mai, où LA PRESSION
ATMOSPHÉRIQUE DIMINUE, et les mois les moins désastreux sont ceux de septembre et octobre, où
l'EFFET INVERSE SE PRODUIT.

« Si on divise l'année en quatre périodes, correspondant aux quatre saisons, savoir : printemps,
comprenant les mois de mars, avril et mai ; été, les
mois de juin, juillet et août ; automne, ceux de
septembre, octobre et novembre ; et hiver, ceux de
décembre, janvier et février ; et si nous prenons le
tantième pour cent afférent à chacune de ces périodes, nous obtiendrons le tableau suivant :

Périodes.	Accidents. tantième p. 0/0.	Blessés. tantième p. 0/0.	Tués. tantième p. 0/0.	Victimes. tantième p. 0/0.
1° Printemps.	36,57	35,28	53,11	44,46
2° Été	27,31	28,17	29,42	28,82
3° Automne .	17,13	18,78	7,43	12,93
4° Hiver . . .	18,98	17,77	10,14	13,79

« D'où il résulte que, pendant la période du printemps, les accidents entrent pour plus du tiers du
chiffre total ; celui des blessés est dans une proportion à peu près égale, tandis que celui des tués dépasse la moitié.

« Pendant la période d'automne, au contraire, le
chiffre des accidents n'entre plus que pour 1/6 du
chiffre total ; celui des blessés varie de 1/5 à 1/6 ;
tandis que celui des tués n'atteint pas même 1/13.

« Il est inutile de s'appesantir sur ces résultats,
dont la cause logique et rationnelle a été suffisamment développée, savoir : *La fréquence des accidents et leur importance relativement au nombre
des victimes dépendent de la plus ou moins grande
tension du fluide atmosphérique.*

« Les citations suivantes viendront corroborer
une fois de plus les faits avancés. M. Ch. Londe,
dans un article scientifique, publie l'extrait suivant
d'un rapport de M. Thomas Dobson, ayant pour titre : *Rapport des explosions du grisou avec la
pression et la température atmosphériques :*

« Dans toutes les houillères sujettes à explosion,
« il y a écoulement constant de gaz hydrogène car-
« boné (grisou) sortant par les innombrables petites
« fissures du charbon désagrégé et envahissant les
« galeries. La vitesse et la quantité de cet écoule-
« ment dépendent, toutes choses égales d'ailleurs,
« de sa densité ou de la pression atmosphérique ; il
« est plus grand lorsque la pression est moindre,

« et réciproquement. La proportion de gaz carboné
« contenu dans l'atmosphère des galeries n'atteint
« jamais un chiffre déterminé, sans qu'il y ait
« danger d'explosion, de sorte qu'il faut absolu-
« ment maintenir un certain rapport entre la vi-
« tesse de ventilation et l'écoulement gazeux à l'in-
« térieur des galeries, si l'on veut être assuré que
« l'atmosphère de la houillère n'atteindra pas la
« limite à laquelle elle commence à devenir explo-
« sive.

« Le but du travail de M. Dobson est de montrer
« l'influence qu'exercent les fluctuations extraordi-
« naires de la pression et de la température atmo-
« sphériques, pour troubler l'équilibre dont il vient
« d'être question, entre l'infection par l'envahisse-
« ment du gaz et la purification par la ventilation.

« L'explosion est toujours à redouter lorsque le
« baromètre descend, ou que le thermomètre monte
« subitement. La comparaison ou le rapprochement
« des faits d'explosions avec les données météoro-
« logiques confirme pleinement ces conclusions
« théoriques.

« M. Dobson n'en examine rien moins que 514,
« arrivées en Grande-Bretagne de 1743 à 1854, et
« conclut de son travail, qu'il est aussi nécessaire
« pour le mineur que pour le marin de consulter
« avec soin le baromètre et le thermomètre; que
« les précautions à prendre, si l'on fait descendre
« les mineurs dans la mine à un moment où le ba-
« romètre est très bas ou le thermomètre très haut,
« doivent être excessives; qu'enfin, des observations
« barométriques et thermométiques faites à l'ou-
« verture des puits de mine, à des intervalles ré-
« guliers, suffisamment rapprochés, présentent un
« grand intérêt, ou plutôt, sont si absolument né-
« cessaires, que les administrations devraient peut-
« être les imposer. »

« Quant aux inconvénients qui pourraient résulter, pour les ouvriers, d'une existence passée au
milieu d'une atmosphère plus dense, il résulte des
nombreux essais qui ont été pratiqués déjà, et des
remarquables rapports de Blavier, ingénieur en
chef des mines de France, sur l'emploi de l'appareil à air comprimé de M. Triger, pour la traversée
des morts-terrains aquifères aux mines de Douchy,
et de M. V. Bouhy, aspirant des mines en Belgique,
sur la traversée des sables mouvants à la mine de
Strépy-Bracquegnies, que ces accidents ne sont
guère à craindre, et que l'ouvrier s'habitue aisément à vivre dans cette atmosphère chargée, sans

en ressentir de malaise; ce qui est, au reste,
prouvé par l'extrait suivant d'une autre notice de
M. Ch. Londe :

« Dans l'état normal, et d'après les recherches de
« M. Barry, de M. Poisseuille et celles de l'éminent
« professeur de la Faculté de Paris, M. Bérard, la
« pression de l'air concourt accessoirement à la cir-
« culation veineuse.

« Hygiéniquement considérée, l'augmentation de
« pression produite par une forte colonne d'air
« donne lieu à une respiration facile, grande, abon-
« dante en principes réparateurs, et communique
« par suite à l'économie les avantages qui résultent
« de l'énergie de cette fonction, c'est-à-dire une
« aptitude à soutenir les exercices violents et sou-
« tenus, une réparation prompte du sang artériel
« dépensé, une vigueur remarquable de tous les
« organes dont ce fluide est le stimulant commun.

« On éprouve d'ordinaire, lorsque le baromètre
« est très élevé, un sentiment indicible de bien-
« être et de contentement; on peut dire alors qu'on
« sent du plaisir à vivre, car, en effet, l'énergie vi-
« tale est doublée. Non-seulement plus d'air est
« fourni aux poumons, mais cet air, ainsi que l'a
« démontré Edwards, en sort plus altéré; de là,
« pour tous les organes, ce surcroît d'énergie et de
« bien-être.

« Sous l'influence de la diminution de la pression
« atmosphérique, au contraire, on ressent un mal-
« aise général joint à une extrême débilité, et si
« la respiration et la circulation deviennent plus
« fréquentes et même pressées, pénibles, haletantes,
« c'est, d'une part, parce que les poumons se dila-
« tent moins complétement sous une pression in-
« suffisante et que la circulation capillaire ne s'exé-
« cute plus avec la même facilité que sous la pres-
« sion ordinaire; c'est parce que, d'autre part, l'air
« contenant, à cause de sa raréfaction, moins d'é-
« léments respirables, nous oblige, pour introduire
« dans les poumons la quantité d'oxygène néces-
« saire à l'hématose (sanguification), à réitérer
« plus fréquemment les mouvements d'inspiration,
« et que ceux-ci ne peuvent s'accélérer sans que les
« mouvements du cœur prennent aussi un ac-
« croissement de vitesse. Dans ce cas, les mouve-
« ments rachètent par la fréquence ce qu'ils per-
« dent en étendue. »

« On peut conclure de là que, par l'emploi de
l'air comprimé à l'intérieur des mines, les ouvriers
respireront plus facilement et absorberont ainsi,

dans le même temps, une plus grande masse d'oxygène, et que le nombre d'anémiques et d'asthmatiques ira sans cesse en diminuant.

« D'un autre côté, grâce à cette plus grande quantité d'air dans un même espace, la combustion des lampes sera plus parfaite, la lumière plus vive et il y aura beaucoup moins de cette fumée nauséabonde qui incommode tant les ouvriers, par l'emploi des lampes actuelles et l'usage d'huiles peu épurées et de mauvaise qualité dont on fait généralement usage.

« L'air frais, entrant dans la mine par le puits aux échelles, en sortant par le puits d'extraction, s'introduit donc concentré, par l'ouverture la plus petite, et en sort dilaté, par l'ouverture la plus grande, de sorte que les conditions d'une marche logique et normale se trouvent remplies.

« Cette disposition présente de plus un autre avantage, au point de vue de la circulation sur les échelles, car celles-ci, se trouvant dans un courant d'air frais, se détériorent moins vite et ne sont point chargées de l'humidité qui les pourrit et qui, se mêlant à la poussière, en rend la circulation plus pénible et plus dangereuse, quand le puits aux échelles sert à la sortie de l'airé chauffé et chargé de vapeur d'eau, venant du fond de la mine.

« J'ai la conviction que l'examen attentif des faits qui précèdent convaincront M. Gaugain de l'efficacité du procédé, et qu'il reviendra sur l'opinion qu'il avait émise, et que je crois avoir combattue. Je tiens beaucoup moins à réfuter qu'à convaincre ; et si la pratique vient un jour démontrer l'utilité du système que je préconise, je serai assez récompensé par la satisfaction d'avoir rendu un immense service à l'humanité, en soustrayant à la mort ou à un danger imminent une portion de la classe si courageuse et si intéressante de nos ouvriers mineurs.

« Heureux encore de pouvoir un jour démontrer aux immenses fortunes engagées dans l'industrie charbonnière, que j'ai le plus vif désir d'être utile aux capitaux qui s'y déversent, dans l'intérêt de l'industrie en général, et de venir y apporter, avec une conviction bien arrêtée, mon tribut de travail et de lumière. »

C'est là, vous le voyez, Messieurs, le travail d'un homme bien convaincu, certain des faits qu'il avance, et n'hésitant ni sur le choix ni sur l'efficacité des moyens.

Votre Commission a été plus loin :

Elle a voulu s'assurer du degré de respirabilité, pendant un certain temps (la durée d'un poste, par exemple), de l'air plus ou moins condensé ; et c'est à M. Mallez, cette fois, qu'elle est redevable de l'intéressant document ci-joint, extrait par lui des *Annales d'Hygiène publique et de Médecine légale* (1854, 2e série, T. 1er, p. 241).

ANNALES D'HYGIÈNE PUBLIQUE ET DE MÉDECINE LÉGALE.
(1854, 2e série, t. I, page 241.)

—

Effets de la compression de l'air appliqué au creusement des puits à houille. — Pol et Watelle.

—

Effets de la compression de l'air sur les mineurs pendant le creusement de l'Avaleresse-La-Naville, à Lourches, dans la concession de Douchy (Nord).

Procédé mis en usage pour la deuxième fois en France par la Compagnie de Douchy.

Donner à des machines épuisantes une puissance d'ingurgitation supérieure à l'intensité d'affluence des courants.

M. Triger (d'Angers), ingénieur civil, imagina de refouler l'eau au lieu de l'épuiser ; et c'est en emplissant les puits d'air comprimé qu'il essaya de réaliser ses vues.

Première application : à Chalonnes (Maine-et-Loire), en 1841 ; couronnée d'un succès complet (*Annales d'hygiène*, 1845, t. 33, p. 463)... Seulement, deux ouvriers qui avaient passé sept heures dans l'air comprimé éprouvèrent, une demi-heure après leur sortie de l'appareil, de vives douleurs, l'un dans le bras gauche, l'autre dans l'épaule du même côté et dans les genoux.

Voici sommairement la disposition de l'appareil Triger.

Un cylindre métallique est placé à l'orifice du puits ; il communique avec lui d'une part, d'autre part avec l'air extérieur, au moyen de portes s'ouvrant de haut en bas. Ce cylindre est appelé *sas à air*. Deux tuyaux le traversent, dont l'un livre passage à l'air projeté par une machine soufflante ; le second sert de voie de décharge pour une partie des eaux, lorsque l'imperméabilité du terrain rend le refoulement malaisé.

Chacun des fonds du *sas* est muni d'un robinet. Leur effet est inverse par rapport à ce *sas*. Ils permettent d'équilibrer aussi graduellement qu'on le veut la pression qui s'y exerce, soit avec la pression extérieure, soit avec celle du puits.

Il est clair qu'on ne peut entrer dans le *sas* qu'il n'ait, au préalable, été mis en communication avec l'air extérieur, ce qui y implique normalité de tension.

Pour pénétrer dans le puits, les ouvriers ont d'abord à fermer le *sas*, ils ouvrent ensuite peu à peu celui de ses robinets d'équilibration dont le jeu, relativement au cylindre, est comprimant ou positif. Quand, par suite, le *sas* et le puits présentent la même tension, la porte intermédiaire s'abattant d'elle-même, ils descendent s'acquitter de leur rude besogne sous une pression progressive, pression qui s'est élevée à La Naville jusqu'à 4 atmosphères 1/4.

La sortie demande, on le comprend du reste, une manœuvre tout opposée : remonter dans le *sas*, fermer sa porte inférieure, ouvrir le robinet supérieur négatif ou décomprimant.

(Avantageuses modifications apportées par M. Charles Mathieu, directeur de l'établissement.)

Marche des travaux.— Commencés le 15 juillet 1845, les travaux ont présenté trois périodes : D'abord on a traversé, à l'aide de l'air comprimé, les couches les plus habituellement aquifères dans ce pays ; ensuite l'appareil a été démonté, et des machines d'épuisement, qu'on espérait devoir suffire, ont pris sa place ; mais leur inefficacité étant bientôt évidente, on résolut de revenir au système Triger, ce qui, toutefois, ne se fit qu'en novembre 1846.

De ce moment, il n'y eut plus d'interruption que celle, très courte, déterminée le 20 décembre 1846 par une explosion dont la mort de six ouvriers fut la terrible conséquence. La pression était alors de 3 atm. 7/10 ; on avait creusé un peu au delà de 28 mètres.

Ce déplorable événement, relaté dans les *Anna-* les des mines par M. Comte, et apprécié différemment, quant à ses causes, par cet ingénieur et par son collègue M. Blavier, ne peut, de l'avis de ces messieurs, être attribué à quoi que ce soit d'inhérent au procédé. Il ne doit conséquemment jeter sur lui aucun discrédit. On ne saurait non plus, d'après les mêmes autorités, en accuser un manque quelconque de précautions, considération trop consolante pour ne point la noter.

Il paraît, au surplus, que la substitution de la forte tôle à la fonte dans la construction des fonds du *sas* rendra semblable accident désormais impossible.

Les travaux, repris quelques mois plus tard, après une nouvelle et infructueuse tentative d'épuisement, ont, dès lors, été menés à bonne fin, sans autre dérangement dans l'appareil. Mais, quand ils touchaient à leur terme, la mort presque subite de deux hommes est encore venue les attrister : double malheur dont nous détaillerons les circonstances, que nous tâcherons d'expliquer.

Organisation des travaux. — Le personnel, depuis le début jusqu'à la terminaison, s'est composé de soixante-quatre personnes. Elles ont pris le travail à des époques différentes, et par conséquent sous des pressions diverses.

Des pelotons de six ou sept hommes se succédaient de quatre en quatre heures, faisant, la plupart du temps, *deux postes* par jour.

La compression et la décompression avaient lieu par degrés. A la fin des travaux, une demi-heure était consacrée à chacune de ces opérations ; au commencement, on n'y mettait guère que la moitié de ce temps.

Du reste, les prescriptions à cet égard n'ont pas toujours été strictement exécutées.

A leur sortie du *sas*, les ouvriers quittaient leurs vêtements et en prenaient de secs, après s'être fait les ablutions nécessaires. On leur servait, ensuite, un bouillon et un verre de bordeaux.

Dès que les accidents menacèrent de devenir fréquents, une sorte d'ambulance fut établie sur le terrain.

Phénomènes observés. — Les phénomènes

déterminés par la compression de l'air peuvent être divisés en deux classes : les uns, peu nombreux, peu importants, et que nous ne rapportons, témoins scrupuleux, qu'afin de dire toute la vérité, sont seulement physiologiques ; les autres atteignent, quelquefois ils dépassent, le degré morbide.

Ces derniers se trouveront naturellement décrits dans les observations individuelles. Nous allons tout de suite exposer les précédents, en nous fondant principalement sur les impressions de celui de nous à qui sont dus les matériaux de ce travail ; impressions confirmées, d'ailleurs, la plupart du moins, et par celles de M. Mathieu et par celles des mineurs.

Mais nous ne transcrivons pas, fût-ce compendieusement, les nombreuses visites de ces messieurs aux ouvriers : cela entraînerait à de fatigantes redites et à d'inutiles longueurs. Nous nous bornerons aux deux suivantes, les plus soigneusement recueillies, et qui résument suffisamment les autres.

1° *Phénomènes physiologiques.* — Le 26 novembre 1845, MM. Charles Mathieu et Pol entrèrent dans le *sas*, en compagnie de cinq charbonniers. La trappe supérieure abattue, le robinet mitoyen entra en action, et peu à peu l'air se condensa. Après vingt minutes, le manomètre indiquait une tension de 2 atmosph. 45. A ce moment, la trappe inférieure, également pressée sur ses deux faces, céda à son propre poids.

Descendus dans le puits, ils y restèrent quatre heures.

Pendant dix minutes environ, ils souffrirent des oreilles ; les tympans, vigoureusement refoulés, étaient douloureux.

Ils vérifièrent qu'un prompt soulagement s'obtient en avalant coup sur coup sa salive. Sans doute, comme le dit la note des *Annales,* les mouvements de déglutition, poussant de l'air dans les trompes d'Eustache, opposent un contre-poids à la pression qui s'exerce en dehors sur les tympans.

Postérieurement, M. Pol a reconnu que cet expédient n'avait d'autre avantage que celui, assez minime, de hâter quelque peu un résultat qui ne tarde point, ainsi qu'il l'a constaté à Chalonnes, et qui ne saurait tarder à se produire spontanément : l'équilibration, en effet, à moins que les trompes soient obstruées, ne peut, en de telles conditions, manquer d'être rapide.

En même temps, et brusquement, la respiration se ralentit, mais surtout elle se rapetissa, si ce mot exprime convenablement la diminution d'amplitude de l'expansion thoracique ; à peine était-elle perceptible.

La vitesse du pouls tomba en proportion (55 chez M. Pol).

Les douleurs d'oreilles dissipées, ils éprouvèrent, durant la première heure, un bien-être très prononcé ; pourvu toutefois, qu'ils gardassent un repos absolu, car le moindre mouvement provoquait de la suffocation.

Il est à remarquer que cet empêchement de la locomotion n'a pas été accusé par chacun des nouveaux venus dans l'air condensé. Loin de là, le plus grand nombre s'y est, dès en arrivant, senti doué d'une alacrité extranormale, laquelle, après un temps variable, noviciat dont la raison d'être nous échappe, est devenue commune à tous.

Concurremment avec la suffocation, mais plus nettement après sa disparition, MM. Pol et Mathieu avaient le sentiment musculaire d'une résistance qu'ils ont retrouvée et cru comprendre en remontant dans le *sas* ; leurs membres, plus pesants, n'obéissaient qu'avec effort aux ordres de la volonté.

A partir de la première heure, les expérimentateurs furent sollicités par un piquant besoin de tousser, dû manifestement aux produits de combustion incomplète fournis par les lampes des mineurs. Ces produits, à chaque poste, s'amassent en si grande quantité dans les conduits aériens, que les mucosités bronchiques en sont teintes en noir.

Il en est de même de la salive, et, par celle-ci, des excréments.

Le poste terminé, ils regagnèrent le *sas* au moyen d'une échelle perpendiculaire, respirant très bien l'un et l'autre ; néanmoins l'ascension fut laborieuse, et non pas seulement à raison de sa verticalité, mais parce que, selon MM. Pol et Mathieu, la densité insolite de l'atmosphère ambiante embarrassait la progression.

La justesse de cette appréciation, à l'appui de laquelle nous ne pouvons arguer de l'impression des mineurs, gens familiarisés avec les plus durs travaux, ne comptant guère avec la fatigue, et peu aptes, par cela, à discerner des nuances de ce genre ; la justesse de cette appréciation, si elle était démontrée, aurait pour corollaire que le système des muscles a conscience de certaines pressions artificiellement obtenues, pressions de laboratoire, si l'on peut ainsi parler ; que, sous leur influence nouvellement exercée, il doit, pour mouvoir nos leviers, déployer plus de puissance, et que, sous la condition d'une habitude acquise, la théorie que M. Biot a fondée sur la propriété des milieux, de comprimer également dans tous les sens, ne saurait être généralisée.

Les premiers instants passés dans le cylindre furent signalés par une circonstance inattendue : une notable dyspnée, sorte de *suffocatio redux*, les rendit désagréables : on aurait dit d'un commencement d'asphyxie.

Et cela n'a point été spécial à MM. Pol et Mathieu ; nul mineur, au contraire, de l'inauguration à la clôture des travaux, ne s'est vu privilégié sous ce rapport. Le temps n'a même pu émousser l'impression dont il s'agit.

Ainsi, c'est un fait constant, nous dirions c'est une loi, si l'expression n'était pas trop ambitieuse, qu'on supporte moins bien le retour que l'arrivée dans le *sas* et que le séjour dans le puits.

Apparente étrangeté, que nous soupçonnons dépendre de ce que l'acide carbonique, dégagé par l'acte respiratoire, et plus abondamment par la combustion très activée des lampes, ne conservait point, dans un air accumulé, sa supériorité de pesanteur, gagnerait le haut de l'appareil et rendrait l'hématose incomplète.

La conclusion de ce travail est que pour les deux expérimentateurs, MM. Pol et Mathieu, il y a eu gêne et fatigue sans danger réel, et que pour les ouvriers mineurs qui les accompagnaient, gens plus durs et habitués à de plus rudes travaux, la sensation de fatigue a pour ainsi dire été nulle, et la sensation de gêne momentanée seulement.

D'après ces faits concluants, rien ne s'opposerait, selon nous, à ce que cet utile et humanitaire emploi de l'air comprimé fût tenté sur une grande échelle, et nous nous plaisons à penser que M. Deroux ne tardera pas à s'occuper de ces essais importants.

Votre Commission, Messieurs, ayant pour ainsi dire confondu, dans un seul et même examen, la deuxième et la troisième question en ce que cette dernière avait de plus particulièrement spécial au refoulement du grisou et des eaux, nous bornons à ce peu de mots ce que nous avions à en dire, et nous passons immédiatement à la quatrième question, qui fera seule l'objet de notre troisième paragraphe.

Un mot cependant encore, à propos de l'application de l'air comprimé comme moyen de refouler le grisou, ou du moins d'en paralyser presque complétement le dégagement dans les houillères.

M. Mallez, votre savant secrétaire, qui a vécu dix ans dans les mines et dont le père a été médecin d'Anzin pendant trente ans, partageant à cet égard l'opinion de votre rapporteur, ne croit pas qu'il soit possible de refouler, à proprement parler, le grisou par la compression de l'air dans les galeries, tout en convenant que l'augmentation de densité peut, jusqu'à un certain point, diminuer les chances d'explosion ; il aurait, dit-il, plus de confiance encore dans un bon système d'aérage, tel, par exemple, qu'on le pratique à Aniche, où depuis ce temps la chlorose a presque complétement disparu.

TROISIÈME PARAGRAPHE

QUATRIÈME QUESTION. — ÉLÉVATION DES LIQUIDES.

L'emploi de l'air comprimé pour l'élévation des liquides est, vous le savez, Messieurs, connu et expérimenté depuis longtemps, et nous pouvons affirmer que le succès a presque partout dépassé les espérances.

Après avoir signalé comme l'un des plus anciens appareils, en ce genre, celui qui se voit encore au théâtre de la Porte-Saint-Martin et le réservoir à air (autrement dit boîte à air), au moyen duquel on détermine la continuité du jet dans les pompes à incendie et dans certaines autres pompes foulantes destinées à faire équilibre à des colonnes d'eau d'une certaine puissance;

Après avoir cité l'usage où sont, depuis soixante ans, tous les brasseurs de l'Alsace, de comprimer l'air dans leurs tonneaux à la surface de la bière, au moyen d'un soufflet spécial dont l'effort contraint le liquide, soit à passer d'un tonneau dans l'autre, soit à monter par un tuyau de la cave au rez-de-chaussée;

Après avoir parlé de l'instrument ingénieux si connu dans tous les cabinets de physique sous le nom de *fontaine de compression*, au moyen duquel, ainsi que nous l'avons expérimenté nous-même au lycée de Rouen en 1816, on obtient un jet d'eau puissant par la force expansive de l'air comprimé dans la partie supérieure de l'appareil;

Après avoir enfin rappelé que de tous les thermomètres, le plus sensible peut-être, et le plus commode pour apprécier la chaleur des corps à distance, est le thermomètre à air (thermomètre différentiel de Leslie), où le liquide indicateur s'élève dans l'une des deux branches de l'instrument par la simple dilatation d'une petite quantité d'air contenue dans l'autre branche;

Après avoir prêté quelques moments d'attention à la description d'un appareil d'épuisement, applicable à de grandes profondeurs, et que l'inventeur, M. Marie, fontainier, avait eu l'honneur de vous soumettre, Messieurs, dans une de vos précédentes séances, toutes choses qui prouvaient déjà combien étaient nombreuses et variées les applications de l'air comprimé à l'élévation des liquides; votre commission a écouté avec le plus vif intérêt la description que lui a donnée M. Andraud de la pompe aéro-hydraulique qu'il avait déjà construite en 1839, et dont il a fait publiquement l'expérience en 1840 ou en 1841.

Cette pompe, dont, grâce à la libéralité de M. Andraud, un dessin sera joint au rapport de votre commission, consiste, ainsi que vous pouvez le voir, en deux cylindres de diamètre différent, dont les deux pistons ont une tige commune.

Le plus grand des deux est le cylindre à air; le plus petit est le cylindre à eau.

Il est aisé de comprendre que, si le rapport **des** deux sections est, par exemple, comme de dix à un, de l'air comprimé à deux atmosphères moins une suffira pour faire équilibre à une pression d'eau dix fois plus forte, et c'est ce qui arrive en effet.

Au moyen de cette très faible pression, toujours facile à obtenir sans grand travail et sans danger, M. Andraud faisait aisément jaillir l'eau à 25 mètres de hauteur, où la portaient des tuyaux flexibles en gutta-percha ou en caoutchouc; et trouvait, dans la construction même de sa pompe, l'inappréciable avantage de pouvoir aller chercher l'eau sous terre à quelque endroit qu'elle se trouve, sans avoir égard à la verticale, bien que le principe moteur agisse à la surface du sol.

M. Andraud ne doute pas d'ailleurs qu'avec cette même pression de deux atmosphères, il n'eût fait jaillir l'eau tout aussi bien à 100 mètres de hauteur qu'à 25 mètres, et il finit en mettant sous les yeux de la commission de nombreux dessins relatifs à diverses applications de la puissance expansive de l'air comprimé à l'élévation des eaux.

Ces intéressantes communications de M. Andraud étaient évidemment trop curieuses pour n'être pas écoutées avec plaisir, aussi chacun s'empressait-il de lui demander de nouveaux détails.

C'est ainsi que ce savant ingénieur a longtemps entretenu votre commission d'un siphon à jet continu, qui simule, à s'y méprendre, le mouvement perpétuel. Dans ce curieux instrument, une petite quantité d'air comprimé injectée dans une colonne d'eau diminue sa pesanteur et détermine le mouvement de circulation; mais M. Andraud s'empresse de déclarer qu'un système analogue, essayé en Angleterre pour l'élévation de l'eau par une insufflation d'air convenable, avait entraîné une telle dépense de force qu'on y avait dû renoncer.

Une idée semblable, au dire de M. Mareschal, avait été déjà vainement tentée par un certain M. Manoury d'Hectot.

C'est encore à cette occasion que M. Andraud, sans pouvoir donner précisément le chiffre exact du rendement utile de sa pompe aéro-hydraulique, a démontré néanmoins jusqu'à l'évidence que, moyennant l'emploi de deux cylindres de diamètre différend, on peut toujours, avec une pression d'air relativement très minime, élever l'eau à telle hauteur et de telle profondeur que l'on veut.

Quant à la possibilité de comprimer l'air à de très hautes pressions, il ne doute pas qu'on ne puisse aisément atteindre des pressions de 200 à 250 atmosphères, et les expériences qu'il a faites sur un canon à air, de son invention, lui en ont, dit-il, fourni la preuve.

Malheureusement, un accident grave, arrivé pendant le cours de ces expériences par suite de la rupture d'un vase, accident dont M. Andraud lui-même a failli devenir victime, n'a pas permis de continuer des essais qui, peut-être, auraient donné la mesure de la puissance expansive de l'air sous l'influence de pressions exceptionnelles.

Et voyez, Messieurs, comme les découvertes s'enchaînent, comme une idée qui surgit en fait naître d'autres autour d'elle, et comment enfin de la pompe de M. Andraud et de l'accident qui eût pu lui coûter la vie, nous revenons à l'élévation des eaux et à la machine de Marly.

Vous savez tous, ou à peu près tous, que, pour gagner le sommet de l'aqueduc, la pression n'est que de treize atmosphères; M. Féline, l'honorable président de votre commission, a pensé que la division en trois paliers permettrait sans doute de substituer la force expansive de l'air comprimé aux tringles puissantes, nécessairement rigides et conséquemment fort lourdes, dont on se sert aujourd'hui. Quant aux tubes de transmission, dont M. Mareschal redoutait jusqu'à un certain point la dilatation ou la perméabilité, M. Desnos, notre collègue, nous déclare en avoir vu de 40 centimètres de diamètre et de 15 millimètres seulement d'épaisseur capables de résister à plus de 20 atmosphères!

Le croiriez-vous, Messieurs? ces tubes sont en papier.

Au moment où nous écrivons ces lignes, M. Marie, qui regrette beaucoup de n'avoir pas été appelé dans le sein de la Commission, et qui sollicitera de votre bienveillance l'honneur d'expérimenter devant vous son ingénieux appareil, M. Marie, disons-nous, met à notre disposition le mémoire ci-joint que nous nous empressons d'annexer à ce rapport.

L'appareil entier se compose de trois parties distinctes, savoir :

1° Une pompe de compression ordinaire servant à comprimer l'air atmosphérique qui, par son élasticité et par sa puissance expansive, doit agir sur la colonne d'eau dont on se propose de déterminer l'ascension.

2° L'appareil à double réservoir d'air, où celui-ci se comprime sous une pression suffisante pour déterminer l'ascension de la colonne liquide, quelle que soit sa hauteur, et l'écoulement continu à l'extrémité supérieure du tube d'éjection.

3° Enfin, l'épuiseur proprement dit, appareil à double réservoir d'eau, qui se place dans la masse d'eau même qu'on se propose d'élever, et dans la partie la plus déclive du bassin ou du réservoir qu'il s'agit de mettre à sec.

Supposons un puits.

L'appareil épuiseur, dont les dimensions sont nécessairement variables en raison de l'espace dont on dispose, est formé de deux cylindres accouplés, à la base de chacun desquels est pratiquée une soupape ouvrant du dehors au dedans, et donnant accès à l'eau qui remplit les deux cylindres, en chassant l'air qu'ils contiennent, dès que l'appareil épuiseur est placé dans le fond du puits.

A la partie supérieure de chaque cylindre aboutit, venant de l'appareil à double réservoir d'air, un tuyau flexible par où s'introduira tout à l'heure, alternativement dans chaque cylindre, le courant d'air comprimé dont la pression agissant sur la surface du liquide, le forcera de monter par un tube plongeur, communiquant lui-même avec le tube d'éjection formant colonne d'ascension.

Dès que l'un des deux cylindres ou réservoirs de l'appareil épuiseur est ainsi vidé de toute l'eau qu'il contenait, le courant d'air comprimé se porte aussitôt sur l'autre cylindre, où la même action produit immédiatement le même effet; tandis que, laissant dégorger son air, le premier réservoir vide se remplit d'eau de nouveau pour recommencer à se vider de la même manière, jusqu'à épuisement complet de la masse totale à extraire.

C'est dans ce changement alternatif de l'action de l'air sur l'un et l'autre réservoir de l'appareil épuiseur que consiste toute l'invention de **M. Marie**, qui parvient ainsi à élever l'eau de toutes profondeurs et à la faire jaillir au dehors, sans pompe aspirante et foulante, sans tringles, sans mécanisme, et au moyen d'un simple système de tuyaux qui peut se loger partout.

C'est au moyen de son appareil à double réservoir d'air que M. Marie opère, à chaque évolution de l'appareil épuiseur, le changement dont nous venons de parler, et cela par le jeu automatique d'un robinet à bascule fort ingénieux, dont la fonction est analogue à celle que remplit, dans une machine à vapeur, le tiroir de distribution.

Le boisseau de ce robinet est disposé de manière à recevoir une clef conique, creuse, divisée en deux compartiments, et percée de quatre trous dont deux sont toujours fermés quand les deux autres sont ouverts; de manière à ce que l'air envoyé dans l'appareil par la pompe de compression pénètre alternativement dans chacun des deux réservoirs.

Or, chacun de ceux-ci est surmonté d'une sorte de soupape à tige, chargée d'un poids en métal, calculé de manière à faire, à peu de chose près, équilibre au poids total de la colonne d'eau, quelle que soit sa hauteur. Ce poids est, par conséquent, d'autant plus lourd que la colonne est plus haute.

On comprend sans peine qu'aussitôt que la pression de l'air devient quelque peu supérieure, la tige de la soupape soulève le poids dont elle est chargée, et, agissant sur l'un des bras du robinet à bascule, change à l'instant même la distribution d'air, qui se fait immédiatement dans l'autre cylindre, tandis que, par le même mouvement du robinet, s'ouvre le tube dégorgeur, qui donne issue à l'air comprimé dans l'un des deux réservoirs de l'appareil épuiseur, où l'eau peut ainsi rentrer pour en être bientôt chassée de la même manière.

Vous le voyez, Messieurs, ce qui reste propre à M. Marie, dans cet appareil, c'est l'ensemble de ses moyens, c'est l'intelligente combinaison de ses différents organes.

Le problème qu'il a résolu par la disposition toute nouvelle et, nous le répétons, fort ingénieuse de son robinet distributeur, est intéressant pour l'industrie : il lui fournit un moyen de plus d'élever les eaux ; moyen qui devient praticable dans telles circonstances données où tout autre moyen, pris parmi ceux qui nous sont aujourd'hui connus, serait complétement impuissant.

Ainsi, l'appareil de M. Marie, non-seulement peut être employé avec succès partout où l'on applique la pompe ; mais il peut agir encore dans un grand nombre de cas où l'emploi des pompes est impraticable.

C'est ainsi qu'il peut, par exemple, épuiser en très peu de temps l'eau de la cale d'un navire et franchir en temps utile une voie d'eau considérable, ce à quoi les pompes ordinaires ne peuvent pas toujours parvenir.

Il peut être utilement employé dans tous les travaux hydrauliques où il devient nécessaire d'étancher des batardeaux pour la construction des piles de pont, des murs de quais, etc., etc., où l'on conçoit d'ailleurs que la pression dépasse rarement 20 mètres ou 2 atmosphères.

Il peut épuiser, à 300 ou à 500 mètres de profondeur et plus, l'eau d'un trou de sonde de $0^m.09$ à $0^m.10$ de diamètre; ce qui, par tout autre moyen, serait complétement impossible.

L'appareil à double réservoir d'air et la pompe de compression, agissant à la surface du sol, et à telle distance que l'on veut du point où se trouvent les eaux qu'il est nécessaire d'élever, peuvent, dans un grand nombre de cas, emprunter la force motrice à des sources purement gratuites, telles que le cours des eaux et le souffle des vents, ce qui rendrait cette machine essentiellement propre au desséchement des marais et à certaines irrigations; les hauteurs à franchir n'ayant d'autres limites que la solidité des tuyaux et la résistance des réservoirs.

L'appareil peut, dans tous les cas, être manœuvré, soit à l'aide d'une locomobile, soit par tout autre moyen plus aisément applicable en raison des lieux où l'on opère.

L'épuisement des grandes carrières et des mines se ferait, par ce moyen, plus vite et à moins de frais que par les machines d'exhaure employées dans la plupart des houillères et dont les énormes tringles absorbent d'autant plus de force que la profondeur est plus grande.

Ce serait, enfin, un moyen simple d'élever les eaux des puits à tous les étages des maisons et jusqu'au faîte de nos plus hauts édifices; de même que, en cas d'incendie, l'appareil de M. Marie remplacerait avantageusement la chaîne, qui n'est pas toujours praticable, pour transporter rapidement des masses d'eau considérables à d'assez grandes distances.

Ajoutons que le jeu de cet appareil, essentiellement continu, est aussi simple que puissant. Il n'est point, comme celui des pompes ordinaires, sujet à des dérangements auxquels le moindre corps étranger, se glissant dans un clapet, peut à chaque instant donner lieu; tout est disposé de telle sorte qu'une interruption de service est, pour ainsi dire, impossible.

En utilisant le souffle des vents qui règnent presque constamment sur les rivages de la mer, on pourrait encore, selon nous, tirer grand parti de cette machine pour élever constamment les eaux des bassins des marais salants dans des bâtiments de graduation où elles se condenseraient presque sans frais.

On pourrait sans doute ainsi produire à très bon marché, dans nos départements maritimes du Nord, le sel si nécessaire aux besoins de l'agriculture, surtout dans ceux de ces départements où l'élève du bétail est la principale industrie. Sur ces plages toujours brumeuses, il faut remplacer par le feu ces chauds rayons de soleil qui brillent incessamment sur les côtes plus favorisées de la Provence; et chacun sait aujourd'hui que, dans les départements du Nord, le sel marin coûte au producteur quatre ou cinq fois plus cher que dans les départements du Midi.

QUATRIÈME PARAGRAPHE

CINQUIÈME QUESTION RELATIVE AU TRANSPORT DE LA FORCE A DOMICILE.

Ici, Messieurs, votre commission manquait d'applications constatées ; il lui a donc fallu procéder d'abord par analogie, et aller ainsi du connu à l'inconnu.

Si l'air comprimé l'emporte un jour sur la vapeur, ce qui n'est pas impossible, il le devra certainement à cette propriété toute particulière qu'il a de n'être ni condensable comme la vapeur par un abaissement de température, ni liquéfiable comme certains gaz, ni inflammable ou fulminant comme certains autres sous l'effort des plus hautes pressions.

C'est un ressort parfait qu'on peut tendre indéfiniment et dont l'élasticité, sans limites, ne perd théoriquement rien de la force employée à le comprimer.

Mais, hâtons-nous de le dire, il n'en est plus ainsi dès qu'on veut utiliser sa puissance ; et, de la manière de l'employer résulte le plus ou moins d'effet utile qu'il est permis d'en attendre.

De longues et sérieuses discussions ont eu lieu à ce sujet au sein de votre commission, et je ne puis mieux les résumer qu'en mettant ici sous vos yeux la note ci-jointe, que nous devons à l'obligeance de M. Jules Mareschal, l'un de nos plus zélés collègues.

NOTE SUR L'EMPLOI DE L'AIR COMPRIMÉ COMME RÉSERVOIR DE FORCE.

I

L'air comprimé peut être employé de trois manières différentes.

La première, que nous ne citerons que pour mémoire, consisterait à l'introduire sous la résistance, sans précaution aucune pour en modérer la dépense.

Cette méthode si défectueuse, que l'on pourrait appeler la marche à *pleine pression*, a son analogue dans les locomotives qui marchent à *pleine vapeur*, dans lesquelles la pression sur les pistons des cylindres est la même que dans le générateur, à tous les points de leur course.

La deuxième méthode consiste à ne faire entrer dans le cylindre d'action, pour chaque ascension du piston, que la quantité d'air qui est nécessaire à l'élévation du poids à soulever, jusqu'à une hauteur déterminée, puis d'abandonner cet air, afin d'opérer le mouvement rétrograde. C'est la condition de la pompe aéro-hydraulique.

Enfin, le troisième moyen consiste à employer la détente.

La détente présente une économie tellement considérable dans l'emploi de la vapeur, que ce n'est plus guère que dans certains cas particuliers que les machines motrices marchent à pleine vapeur. L'effet utile de 1 kilogramme de houille brûlé dans une machine à toute pression, sans détente, est, suivant M. Morin, de 27,000 kilogrammètres, et cet effet est porté à 93,000 kilogrammètres si l'on y introduit la détente.

Or, l'analogie est si grande entre l'air comprimé et la vapeur, que des résultats semblables doivent être obtenus dans l'emploi de ces deux fluides.

Mais, qu'est-ce que la détente ? Il me semble qu'on peut la définir ainsi : C'est l'effort qu'un ressort, solide, liquide, ou gazeux, peut encore produire, lorsque, s'étant mis en équilibre avec la résistance, cette résistance diminue jusqu'à l'infiniment petit.

Ceci posé, admettons un cylindre vertical d'une longueur indéterminée, et d'une section transversale de 1 mètre, fermé à sa base inférieure, et muni d'un piston pesant 10,000 kilogrammes. Si j'introduis sous ce piston la quantité d'air nécessaire pour le maintenir et l'élever à 1 mètre de hauteur, l'effet produit sera 10,000 kilogrammètres, et la dépense d'air sera de 1 mètre cube, à la pression d'une atmosphère (environ).

Si je n'emploie pas la détente, j'abandonne cette provision de force afin de laisser descendre le piston et recommencer une nouvelle ascension ; mais, admettez que je conserve cet air, et que je remplace le piston de *dix mille kilogrammes* par un autre pesant *un kilogramme seulement*, qu'arrivera-t-il ? La force de ressort, qui tenait soulevé au repos, en équilibre, à 1 mètre de hauteur, le premier piston (de 10,0000 kilogrammes), enlèvera le second, dans le cylindre vertical, jusqu'à ce que l'équilibre soit de nouveau rétabli ; il le poussera à la hauteur de 10,000 mètres, parce que, à cette hauteur, la pression dans le cylindre ne sera plus que de un dix-millième d'atmosphère, pression qui fait équilibre à une surface de 1 mètre carré, pesant 1 kilogramme seulement. La détente aura donc élevé 1 kilogramme à 10,000 mètres (exactement : à 10,000 mètres — 1 $=$ 9999 mètres), soit 10,000 kilogrammètres ; lesquels, ajoutés à ceux déjà obtenus, viennent doubler l'effet primitif.

D'où il résulte, qu'en négligeant d'employer la détente de l'air comprimé, on perd 50 0/0 de la force qu'il contient, perte sèche, absolue, qui ne dispense pas de celles résultant de l'imperfection des organes.

J'en conclus que les meilleurs appareils à air comprimé seront ceux qui utiliseront la détente dans les proportions les plus larges.

Signé : J. MARESCHAL.

Cette note, Messieurs, est un document précieux pour l'histoire et pour l'avenir de l'air comprimé, dont personne, enfin, ne rit plus. Cette note prouve jusqu'à l'évidence, qu'il ne s'agit plus aujourd'hui que d'étudier cette force, dont la source est inépuisable, et dont la nature a mis presque partout à notre portée de puissants moyens de coërcition. Qu'il nous soit permis d'en témoigner ici publiquement notre gratitude à l'auteur.

L'air comprimé n'étant point, comme la vapeur, sujet à condensation, constitue, ainsi que nous l'avons dit, une force éminemment conservable, et, conséquemment, transportable à domicile.

Avons-nous besoin, Messieurs, de faire ressortir ici tout le parti qu'on peut tirer d'une telle force ; et faut-il vous dire comment, transportée à domicile, chez le petit fabricant, chez le modeste artisan, cette force, qui n'exige ni feu, ni charbon, ni cheminée, ni fourneau, accomplira pour eux un travail que le bras de l'homme exécute seul aujourd'hui ?

N'avez-vous pas déjà préssenti tous, qu'indépendamment de l'économie réalisée, des hommes, en grand nombre, aujourd'hui réduits à l'état dégradant de machines humaines, seront, grâce à l'emploi de ce docile moteur, rendus aux travaux plus relevés et plus productifs de l'intelligence ?

C'est encore à M. Audrand, Messieurs, que nous devons, à cet égard, les indications les plus précises ; car lui seul, parmi nous, a été assez heureux pour expérimenter directement l'action de l'air comprimé sur des machines fixes de petite force, et c'est de celles-là surtout que nous devions nous préoccuper. Pour les puissantes machines fixes l'emploi de la vapeur sera toujours préférable à celui de l'air comprimé, dès qu'on n'aura pas à sa disposition des forces naturelles, éoliques ou hydrauliques, presque gratuites alors, capables de le produire.

Et, à ce propos, hâtons-nous de consigner ici l'opinion chaleureusement émise, et non moins chaleureusement soutenue par plusieurs membres influents de votre Commission : que la somme des forces perdues est incalculable, et que la puissance des marées, celle des fleuves et des rivières, et l'action des vents, soit sur nos côtes, soit sur les plateaux de l'intérieur, donneraient presque gratuitement, si l'on savait mieux en tirer parti, toute la force nécessaire à l'exécution mécanique des plus gigantesques travaux.

En somme, on a dû conclure que, partout où une force d'homme seulement est nécessaire, 1 mètre cube d'air comprimé à 30 atmosphères seulement suffirait largement à la produire; et vous verrez bientôt, Messieurs, que, même en étant produit par une machine à vapeur, ce mètre cube, transporté à domicile, ne reviendrait pas à 1 franc.

Mais n'anticipons pas sur l'ordre des faits, et revenons à la question du choix des moyens de transport.

Quelques-uns préconisaient le transport de l'air à basse pression dans un système de tuyaux analogues à ceux qui distribuent l'eau et le gaz sur tous les points d'une ville; d'autres, justement effrayés par la difficulté d'établir un système de canalisation bien étanche, même en se bornant à des pressions de 1 à 2 atmosphères, n'hésitaient pas à donner la préférence au transport de l'air en vases clos et à de hautes pressions, afin de diminuer le volume; si bien qu'à cet égard, les avis s'étant trouvés partagés, on a, d'un commun accord, reconnu la possibilité d'employer l'un ou l'autre de ces deux modes, suivant que les circonstances en pourraient indiquer le choix; et peut-être n'apprendrez-vous pas sans surprise que l'industrie parisienne, à elle seule, pourrait occuper chaque jour plusieurs milliers de ces petites machines.

Qui ne préférerait, en effet, Messieurs, cette force *en bouteilles*, force docile s'il en fut, force toujours prête au travail, à la force humaine, qu'à Paris, surtout, nos marchands de vins, sans parler de bien d'autres causes, rendent malheureusement sujette à tant de mécomptes.

Sans rien dire ici de la possibilité de loger cette force dans un espace très restreint, et non moins aisément sous les toits que dans les caves, bornons-nous à constater que l'air comprimé possède exclusivement l'avantage de pouvoir être employé partout, à toute heure et à toute température.

Il ne coûte que quand il travaille; et l'application dont il s'agit rendrait à d'autres travaux des milliers de bras devenus machines, des milliers d'intelligences incessamment dégradées par le plus abrutissant de tous les métiers , celui de tourneur de roue !

CINQUIÈME PARAGRAPHE

SIXIÈME QUESTION, RELATIVE AU PERCEMEMT DES TUNNELS ET ROCHES.

Un seul fait, dans cet ordre d'idées, a pu être signalé à votre commission : c'est l'emploi de l'air comprimé dans le percement du tunnel du mont Cenis au moyen de l'ingénieuse machine de MM. Grattoni, Grandis et Sommeiller.

Un instant on avait eu l'espérance que M. Mayer, ingénieur du chemin de fer de Victor-Emmanuel, voudrait bien se rendre au sein de la commission et lui donner des détails qui , sans doute, eussent été pleins d'intérêt ; mais, en son absence, M. Thomé de Gamond s'est empressé d'expliquer comment, dans la machine de ces Messieurs, l'air est gratuitement comprimé par un bélier hydraulique.

La force produite sur ce point est transmise, si l'on peut dire, à pied d'œuvre au moyen d'un tube dont la longueur est déjà de 600 mètres au moins sans déperdition bien sensible ; et, à ce propos, constatons l'erreur où sont tombés quelques bons esprits qui se persuadaient encore que l'air comprimé ne peut plus agir comme force à l'extrémité d'un long tube, le comparant en ce point à l'air insufflé dans les tuyères. Si l'on y avait réfléchi, on aurait bien vite reconnu que les conditions de passage et d'émission ne sont pas les mêmes dans les deux cas, et que le tube éolique peut et doit conserver toute son énergie bien au delà même du point où déjà la tuyère est paralysée.

Il est donc aujourd'hui prouvé par expérience que l'air comprimé se transmet avec toute sa force à de très grandes distances ; et remarquons, en passant, que si l'échappement a lieu dans un profond souterrain, cet échappement devient un moyen d'aérage, alors que la machine à vapeur serait un moyen d'asphyxie.

Quant au travail effectué par la machine, M. Thomé de Gamond a fait connaître à votre commission qu'un trou de 6 centimètres de diamètre et de 1 mètre de profondeur est percé dans le grès dur en 15 minutes, et que 40 minutes suffisent pour y percer un trou de même profondeur sur 10 centimètres de diamètre.

Un jet d'eau froide, également lancé par la compression de l'air, arrose et balaye incessamment le fond du trou dans lequel agit la lame du trépan, qui se trouve ainsi rafraîchie et ne peut plus s'échauffer.

Nous avions terminé ce paragraphe, et ne pensions plus rien avoir à y ajouter, lorsque nous est parvenu le magnifique rapport fait à la Chambre des députés des États-Sardes sur le percement des Alpes et sur les moyens combinés de MM. Grandis, Grattoni et Sommeiller, par MM. Des Ambrois, Giulio *rapporteur*, L. F. Menabrea, D. Ruva et Q. Sella.

La longueur de ce document, dont nous devons la communication à l'excessive obligeance de M. Baranowsky d'Elsingfors, qui se trouve en ce moment à Paris, ne nous permet malheu-reusement pas de le joindre à notre travail ; mais nous croyons devoir, au moins, extraire du travail publié par M. L.-F. Menabrea les passages suivants, dont la réunion donne une idée assez complète du nouveau système d'appareils au moyen desquels MM. Grandis, Grattoni et Sommeiller se proposent de pourvoir simultanément à la ventilation, à la perforation et au déblaiement.

« La base de ce système est une nouvelle machine destinée à comprimer l'air, et qui est désignée par ses auteurs sous le nom de *compresseur hydraulique*. Cet appareil est très simple et consiste en un siphon renversé, qui, d'un côté, est en communication avec une prise d'eau, et, de l'autre, avec un réservoir à air. L'eau descend dans la première branche du siphon, remonte dans la deuxième et y comprime l'air qui s'y trouve ; cet air, lorsqu'il est arrivé à un degré suffisant de force élastique, ouvre une soupape qui l'introduit dans un réservoir. Alors la soupape de vidange s'ouvre, et, lorsque l'eau de la deuxième branche du siphon est évacuée, le mouvement recommence. Le mouvement des soupapes d'admission de l'eau et de vidange est réglé par une petite machine à colonne d'eau. L'air, dans le réservoir, est maintenu à une pression constante au moyen d'une colonne d'eau, qui communique avec un réservoir supérieur. La force vive acquise par l'eau dans le siphon est utilisée pour opérer la condensation de l'air ; ainsi, avec une chute d'eau de 20 *mètres*, on a pu comprimer de l'air à six atmosphères, soit à près de 62 mètres d'eau de pression.

« L'air étant comprimé, on s'en sert comme force motrice, comme on le verra.

« Le gouvernement sarde, avant d'entreprendre le percement des Alpes, voulut s'assurer que les nouveaux moyens proposés en assureraient le succès ; il nomma, à cet effet, une commission dont j'avais l'honneur de faire partie, et qui porta son examen sur tout le système, et spécialement sur la ventilation, qui était l'objet des doutes les plus sérieux.

« La commission fit une série d'expériences avec un compresseur de la force d'environ quatre chevaux et demi effectifs.

« La chute était de 20 mètres environ, et la compression de l'air s'opérait à *six* atmosphères. La proportion du travail utile au travail théorique était de 0ᵐ.50. Un examen attentif de la machine démontra qu'il serait facile d'atteindre la proportion de 60 p. 100. La machine marchait avec une régularité remarquable. On avait d'abord craint que l'air ne s'élevât à une haute température par l'effet de la compression ; mais on remarqua qu'après avoir fait travailler la machine pendant longtemps, cette température ne dépassa jamais de plus de 30 degrés la température extérieure, résultat dû à ce que le piston qui opérait la compression était une colonne d'eau qui se renouvelait sans cesse.

« Les réservoirs, de la capacité de 8 mètres cubes, étaient formés de chaudières ordinaires à vapeur. Ils avaient été goudronnés intérieurement, ce qui les rendait parfaitement étanches.

« Après avoir expérimenté la machine, la Commission établit une série d'expériences sur le mouvement de l'air dans les tubes. A cet effet, on disposa des tubes du diamètre intérieur de 60 millimètres.

« Leur développement total était de 399 mètres, composés de :

Tubes en plomb. . . . . 301 m. de long.
Tubes en caoutchouc revêtus extérieurement de toile. . . . 98 —

Total. . . . . . . 399 m. de long.

« Il y avait 18 diaphragmes qui restreignaient la section à 53 millimètres de diamètre ; les tubes formaient 76 spires de 1ᵐ.10 environ de diamètre. On fit varier la section de l'orifice d'écoulement de 18ᵐᵐq.13 à 492ᵐᵐq.84.

« L'air dans le réservoir était maintenu à une pression constante par une colonne d'eau de 51 mètres de hauteur environ. Afin de mesurer la perte de pression qui avait lieu dans la conduite, on établit deux vases remplis de mercure, communiquant, l'un avec le réservoir à air, à l'origine de la conduite, l'autre avec l'extrémité de celle-ci. Deux tubes étaient adaptés verticalement, un à chacun de ces vases ; leurs extrémités inférieures plongeaient dans le mercure qui s'élevait librement dans ces tubes, dont les extrémités supérieures communiquaient avec l'atmosphère. Le résultat des expériences est consigné dans le tableau suivant :

Section de l'orifice.	Vitesse dans la conduite.	Vitesse à l'orifice de la conduite.	Manomètre à l'origine de la conduite.	Perte de pression observée.
millim. car.	mètres.	mètres.	mètres.	mètres.
18,13	1,012	149,0	0,3780	0,0039
63,43	3,197	144,2	0,3775	0,0502
63,43	3,604	160,6	0,3814	0,0609
63,43	4,106	183,0	0,3740	0,0608
81,56	4,415	150,9	0,3783	0,0683
179,07	10,157	160,4	0,3689	0,3910
312,59	15,100	136,6	0,3751	0,9030
492,56	16,460	105,9	0,3692	0,5560

« Toutes ces expériences sont représentées par une courbe de forme très régulière. Les résultats qu'on en déduit s'éloignent notablement de ceux assez généralement admis d'après d'autres expériences assez incomplètes ; ils se rapprochent, au contraire, de ceux auxquels ont été conduits MM. Poncelet et Pecqueur, dans des expériences qu'il est à regretter qu'on n'ait pas encore publiées.

« On peut donc déduire avec certitude des expériences que nous avons faites, que, à la distance de 6,500 mètres (moitié de la longueur de la galerie des Alpes), pour un tube de 10 centimètres de diamètre, avec une vitesse de 5 mètres à l'origine de la conduite, et une pression de 6 atmosphères dans le réservoir, la perte de pression ne serait que de 1 1/3 atmosphère : ce résultat, déduit d'expériences faites avec le plus grand soin et sur une vaste échelle, suffit pour dissiper toutes les craintes que l'on aurait pu concevoir sur la possibilité de conduire de l'air dans le centre de la montagne.

« Après avoir établi ce fait important, la Commission s'est occupée de l'emploi de l'air comprimé comme force motrice. Elle a d'abord expérimenté sur un perforateur inventé par M. Bartlett, dans lequel on avait substitué l'air comprimé à la vapeur qui le faisait primitivement mouvoir. Le succès de la substitution de l'air à la vapeur fut complet.

« On essaya ensuite un autre perforateur très simple et de peu de volume, inventé par M. Sommeiller ; cette nouvelle machine réussit parfaitement. Ainsi la question de l'air comprimé comme force motrice est résolue.

« On a constaté un fait important dans la question dont il s'agit : c'est que, par l'effet de la dilatation rapide de l'air comprimé à 6 atmosphères lorsqu'il sort de la machine, l'eau située à proximité de la machine se congelait, quoique la tempé-

4

rature fût moyennement de **18** degrés. Ainsi, en lançant une grande masse d'air comprimé au fond d'une galerie qui se trouverait à **1,600** mètres au-dessous de l'enveloppe extérieure du globe, et où, par conséquent, par l'effet de la chaleur centrale, la température s'élèverait à **59** degrés environ, on obtiendrait un abaissement de température, considérable par l'effet même de la dilatation de l'air.

« Avec les perforateurs à air, on a pratiqué des trous de mine dans des roches de diverses espèces, depuis les calcaires tendres jusqu'aux *siénites* les plus dures, et il a été constaté qu'en employant cet appareil, on faisait moyennement un trou de mine *douze fois* plus vite qu'avec les moyens ordinaires actuellement en usage. Pour apprécier l'importance de ce résultat, il suffit d'observer que, dans la formation des galeries de mines, les *trois quarts* du temps total sont employés pour faire les *seuls trous de mines*; l'autre *quart* suffit pour charger les mines, en déterminer l'explosion, et pour déblayer.

« Si donc, par le moyen des nouveaux appareils, on diminue dans une proportion si considérable la proportion principale du temps employé ordinairement à la formation des galeries de mines, il est évident que l'on aura résolu la partie la plus importante du percement des Alpes, celui de l'accélération du travail.

« Mais il y a plus : les nouveaux perforateurs occupent peu d'espace; là où trois couples de mineurs à peine peuvent travailler, on peut placer jusqu'à dix-huit perforateurs, ce qui sera un nouvel élément pour rendre le travail plus rapide.

« La petite galerie sera de section rectangulaire de 2^m.50 de côté.

« Afin de rendre les déblais plus faciles, on a imaginé un système d'appareils très simples; d'un autre côté, pour faciliter les manœuvres et pour éviter les dangers que présenterait une galerie de petite section, l'on formera simultanément la galerie à grande section, qui suivra celle à petite section à la distance d'environ **200** mètres.

« D'après les données précédentes, les auteurs du projet espèrent, dans *six ans*, avoir terminé la galerie des Alpes. Ils évaluent à 3 mètres par jour l'avancement de chaque côté de la montagne,

c'est-à-dire à 6 mètres par jour en total, tandis que, par les moyens ordinaires, l'avancement de chaque galerie ne dépasserait pas 0^m.45 à 0^m.50 par jour, et en total 0^m.90 à **1** mètre.

« Après avoir exposé l'ensemble du système proposé et les expériences qui ont été faites pour s'assurer de son efficacité, je résumerai les données principales relatives à la galerie. Sa longueur totale est de **12,500** mètres, comme il a été dit. Elle est tracée dans un même plan vertical; mais elle se divise en deux pentes vers les deux orifices, afin de faciliter l'écoulement des eaux que l'on pourrait rencontrer. L'orifice méridional de la galerie, vers Bardonèche, est à la cote de **1,324** mètres au-dessus du niveau de la mer. A partir de ce point, la galerie s'élève avec une pente moyenne de 5 p. 1,000 sur une distance de 6,250 mètres jusqu'à la cote 1,335 mètres, qui est le point culminant; de là, elle descend sur une longueur pareille de 6,250 mètres, avec une pente moyenne de 23 p. 1,000, jusqu'à l'orifice septentrional vers Modane, qui est à la cote **1,190** mètres. La crête de la montagne se trouve au-dessus du point culminant, à une élévation verticale de 1,600 mètres environ.

« On a calculé que, pour l'aération nécessaire au renouvellement de l'air vicié par la respiration, par les lumières et par la poudre employée pour les mines, il fallait dans chacun des deux troncs de galerie 86,924 mètres cubes d'air par vingt-quatre heures à la pression atmosphérique, soit 14,320 mètres cubes à la pression de 6 atmosphères.

« La quantité d'air nécessaire pour faire mouvoir les perforateurs n'est que de 667 mètres cubes à 6 atmosphères de pression. Ainsi, l'air comprimé, après avoir agi comme force motrice, contribuera en partie à l'aération. Du côté de Bardonèche, il existe plusieurs torrents qui ne tarissent jamais, et dont la chute est capable de comprimer au moins 98,064 mètres cubes d'air par jour et de les réduire à la pression de 6 atmosphères.

« Du côté de Modane, on a l'Arc, torrent rapide et dont la pente considérable fournit une force qui dépasse de beaucoup celle requise. Toutes les conditions se trouvent donc réunies pour assurer le succès de l'entreprise. »

SIXIÈME PARAGRAPHE

QUESTIONS RELATIVES A L'APPLICATION DE L'AIR COMPRIMÉ AUX LOCOMOTIVES ET A LA TRACTION SUR CHEMINS DE FER ET SUR CHEMINS ORDINAIRES, AINSI QU'A L'EMPLOI DE CETTE FORCE APPLIQUÉE AUX MACHINES LOCOMOBILES POUR LES DIFFÉRENTS TRAVAUX DE L'AGRICULTURE.

Un temps viendra, sans doute, où, trouvant partout des moulins à vent de construction simple, des roues fluviales ou des moteurs hydrauliques peu dispendieux, des machines à comprimer l'air à la fois simples et commodes, et des réservoirs convenables pour en mettre la puissance en réserve, on *fabriquera* couramment cette force qui ne coûtera presque rien, et l'on s'en servira pour une foule d'usages que nous ne soupçonnons pas même aujourd'hui.

Déjà, sur chemins de fer, M. Andraud, en 1840 et 1847, et M. Jullienne, en 1857, ont démontré pratiquement la possibilité de locomotion au moyen de l'air comprimé, en faisant circuler une locomotive, l'un sur le chemin de fer de Versailles, rive gauche, entre Paris et Clamart ; l'autre sur le chemin de fer américain de Rueil à Port-Marly, entre Rueil et la Jonchère.

Sur chemins ordinaires, M. Jullienne, en 1855, a fait sur la route de la Révolte, entre Clichy et Saint-Ouen, un essai des plus concluants, et la petite voiture-joujou qu'il a fait circuler pendant trois ans sur l'asphalte des trottoirs autour de Saint-Vincent-de-Paul avait déjà résolu la question jusqu'à un certain point, en prouvant aux yeux la possibilité plus que certaine de ce genre de locomotion, dans des conditions convenables de construction, soit de la voie elle-même, soit des appareils locomoteurs.

L'application proprement dite est donc un fait acquis à la science, et il ne s'agit plus que de l'introduire dans la pratique usuelle, en modifiant successivement les moyens d'exécution.

C'est ainsi, Messieurs, que nous vous dirons bientôt comment se sont déjà modifiés les appareils de compression, qui ne sont plus de nos jours ce qu'ils étaient il y a vingt ans ; c'est ainsi qu'un des membres les plus zélés de la commission dont nous résumons le travail, a indiqué le maximum de détente comme étant le plus sûr moyen d'obtenir tout l'effet utile de la force engendrée, en perdant le moins possible sur la force génératrice.

Dans l'emploi de l'air comprimé, M. Thomé de Gamond, dont les idées sont si larges, dont la science est si profonde, dont le coup d'œil est si sûr ; M. Thomé de Gamond, disons-nous, voit l'affranchissement de l'agriculture qui, selon lui, ne prendra vraiment rang dans l'industrie qu'à dater du jour où elle substituera franchement les forces mécaniques aux forces musculaires, moins habiles à tous égards et plus dispendieuses sous tous les rapports.

Contrairement à l'opinion, émise par quelques membres présents, que la grande culture sera probablement, seule, appelée un jour à profiter des bienfaits du nouveau moteur universel, M. Thomé de Gamond persiste dans la pensée que les petites cultures en seront plus puissamment encore aidées que les grandes, et qu'un jour viendra certainement où tout travail exigeant une force vive s'accomplira par le moyen des machines, au lieu d'être le résultat du travail musculaire de l'homme ou de celui des animaux.

Que faudrait-il pour cela? Rien autre que la gratuité de la force ; et, seul, jusqu'à présent, l'air comprimé nous la peut offrir. Il ne nous reste plus qu'à faire pénétrer dans les masses l'usage habituel des moteurs hydrauliques ou éoliques, suivant le cas, et cela n'est pas impossible. Pourquoi chaque agriculteur n'aurait-il pas sa roue sur son ruisseau, ou son moulin à vent sur son toit, comme il a son puits dans sa cour ou sa pompe dans sa citerne ? L'un n'est pas, que nous sachions, plus difficile que l'autre, et c'est en ce sens que M. Andraud dit avec raison : « Il faut « qu'on arrive à ce point, que chacun puisse « avoir des forces en magasin comme on a des « chevaux à l'écurie pour le travail du lende- « main. Il s'établira en lieux convenables des « réservoirs à poste fixe, où chacun viendra, « avec son vase vide, puiser de la force moyen- « nant une faible rétribution, comme nous voyons « à Paris les porteurs d'eau emplir leurs tonneaux « aux fontaines publiques : la force deviendra « marchandise qu'on fabriquera et qu'on vendra. »

SEPTIÈME PARAGRAPHE

CHEMINS MIXTES ET CHEMINS ÉOLIQUES.

Ce nouveau système de traction sur voies ferrées, inventé et expérimenté par M. Andraud en 1849, consiste, outre la voie ordinaire, en un tube posé sur une longuerine centrale qui règne tout le long de la voie et qui est fixée de mètre en mètre sur les traverses.

Ce tube est composé de trois parties distinctes :

1° Un tube intérieur en toile de coton, à cinq ou six épaisseurs, enduite de caoutchouc ;

2° Un fort tube en toile de chanvre, tissu sans couture et de force à supporter, sans se rompre, une pression intérieure de 5 à 6 atmosphères ;

3° Une toile de recouvrement destinée à protéger le tube proprement dit.

L'enveloppe intérieure assure *l'herméticité ;* celle de chanvre, *la résistance*, et la supérieure, *la conservation* des deux autres.

Le tout est fixé au madrier central, soit par des clous, soit avec de la glu marine, de sorte que c'est le madrier inerte qui supporte l'effort de traction. La toile de recouvrement supporte seule la friction du cylindre tracteur et en garantit le tube propulseur.

Dans ce système, pas de locomotive. Des pompes mues par un moyen quelconque compriment l'air et l'emmagasinent dans un tube-réservoir placé en dehors de la voie, à fleur de terre et susceptible de supporter l'air très comprimé. Le tube central est mis en communication avec ce réservoir, au moyen de robinets.

Le convoi se compose de plusieurs voitures, dont la première en tête porte en dessous un cylindre dit *cylindre tracteur*, en cuivre, qui s'appuie sur le tube central.

Les choses ainsi disposées, si, à l'arrière du convoi, de l'air provenant du réservoir est injecté dans le tube, celui-ci se gonflera, tendra à soulever le cylindre et la voiture ; et, comme le poids du véhicule est supérieur à l'effort produit par l'air comprimé, le cylindre prendra un mouvement de rotation et entraînera le convoi, avec d'autant plus de vitesse, que le tube sera plus large ou l'air plus fortement comprimé.

« On comprend, nous disait M. Andraud, dans les explications pleines d'intérêt que votre Commission a reçues de lui, à plusieurs reprises, sur cet ingénieux système ; on comprend que chaque fibre longitudinale du tube agit en se développant sur chaque section correspondante du cylindre tracteur, comme le ferait une corde sur une poulie. Il y a emploi total de la détente de l'air, non pas sur l'axe du cylindre, mais sur sa circonférence, de sorte que l'effet produit doit se mesurer, non sur le chemin que parcourt le centre, mais par la ligne que tracerait un des points de la circonférence.

« En d'autres termes, le char se trouve entraîné comme s'il était continuellement sur le penchant d'une côte inclinée à 50 degrés. »

On conçoit encore, Messieurs, que, par ce système, on puisse franchir des pentes assez rapides, et M. Andraud affirme qu'il ne reculerait pas devant des pentes normales de 3 à 5 centimètres par mètre.

Certes, de tels résultats, consacrés d'ailleurs par une assez longue expérience, sont essentiellement de nature à séduire, au premier abord. Aussi, votre Commission n'y a-t-elle fait d'objections sérieuses que sur trois points :

1° Les frais trop élevés de construction et d'entretien ;

2° La nécessité absolue d'avoir un chemin à soi, clos et isolé comme les chemins de fer actuels, et ne pouvant admettre, dans son parcours, aucun passage à niveau ;

3° Comme conséquence du mode de construction même, l'impossibilité de songer à pouvoir jamais établir ces sortes de lignes sur les bas-côtés des grandes routes ordinaires, c'est-à-dire sur un terrain gratuitement concédé. Tel est, en peu de mots, Messieurs, le résumé des arguments dont se sont servis quelques membres dans le cours assez prolongé de nos discussions à cet égard.

Ajoutons cependant ici, pour être juste et impartial envers tous, que ces arguments ont été chaleureusement combattus par quelques autres, et notamment par notre honorable président, M. Féline, qui, dans une des premières séances hebdomadaires de notre Cercle, avait eu l'honneur d'exposer si brillamment devant vous le principe et la théorie du nouveau système éolique inventé par M. Andraud.

« L'exemple des chemins de fer américains, nous disait alors M. Féline, ne doit-il pas nous servir de leçon, et n'est-il pas temps de chercher s'il n'y aurait pas des systèmes plus économiques que celui qui est en usage ; s'il ne serait pas possible, en un mot, de supprimer la locomotive, qui impose au vulgaire par son bruit, sa masse et ses complications, mais qui est en réalité une cause d'accidents et de ruines, par sa brutalité, son poids destructeur, son avidité pour un combustible de choix et la délicatesse de sa constitution ?

« Il est évident, pour quiconque a suivi l'ordre des progrès réalisés dans les moyens de transport, que, dès que l'on a adopté les voies ferrées, on devait tendre, avant tout, à établir sur ces voies une sorte de courant qui transportât les wagons sans transporter la force motrice, ainsi qu'on le fait à l'imitation des forces animales.

Plusieurs essais ont été faits dans ce sens ; mais les câbles et les rouleaux, opposant de grandes résistances, diminuaient d'autant le travail utile ; on y a donc renoncé.

« L'air, par sa légèreté et son élasticité, offrait un moyen de transmission de la force, bien préférable à tout autre ; mais la difficulté était de relier la force de l'air aux wagons, et M. Andraud, selon moi, — continue M. Féline, — a résolu le problème.

Ici, Messieurs, — la plupart d'entre vous s'en souviennent encore, — M. Féline vous exposait le système dont vous venez d'entendre une description plus sommaire ; puis, passant aux applications, il ajoutait :

« Lorsque l'on veut mettre le wagon en mouvement, on fait appuyer le rouleau sur le madrier, et l'on introduit l'air dans le tube propulseur, qui se gonfle. Le cylindre se trouvant alors sur un plan incliné, est porté en avant et entraîne le wagon. A chaque kilomètre, le tube propulseur est interrompu, et un nouveau tube est alimenté par une nouvelle prise d'air.

« Les avantages de ce système consistent d'abord dans la faculté de marcher par wagons isolés ; ce qui permet de les faire très légers, ce qui ôte toute gravité aux accidents, ce qui donne des départs fréquents et des convois directs ; en sorte que, n'arrêtant pas aux stations, on ferait autant de chemin en allant moitié moins vite. On ne fatigue pas la voie, qui peut être construite avec une grande légèreté et peut traverser sur de légers viaducs les villages, les villes et même les maisons. On remplace les locomotives par des machines fixes faisant mouvoir des batteries à air placées de distance en distance. Ces batteries n'ont même pas besoin d'être sur la voie, puisqu'elles peuvent y être reliées par un tube qui transporterait la force sans frais. On les placerait, quand on le voudrait, à quelques kilomètres, sur une hauteur si c'est un moulin à vent, dans une vallée si c'est une chute d'eau, près d'une mine, d'une tourbière ou des voies qui amènent ces combustibles, si c'est une machine à vapeur.

« Les locomotives et les lourds convois ne peuvent surmonter sans danger des pentes un peu rapides. Ici, au contraire, s'il ne s'agit que de gravir quelques mètres, comme pour passer pardessus une route, le léger wagon franchira la pente, fût-elle de 45 degrés, avec sa force d'impulsion. Si la hauteur à franchir est considérable, on augmentera le diamètre du tube propulseur, ce qui occasionnera une plus grande dépense d'air, mais n'arrêtera en rien la marche du wagon.

« Le tracé des chemins éoliques pourrait donc suivre la pente naturelle du terrain. »

Quant aux courbes, le parallélisme des essieux occasionnerait sans doute un frottement ; mais il aurait beaucoup moins d'inconvénients pour un wagon isolé que pour un convoi.

Après vous avoir exposé, Messieurs, les considérations d'économie résultant, selon lui, de la suppression des locomotives et de la simplicité des moyens, M. Féline ajoutait encore :

« Ce système est, on peut le dire, le seul, plus rapide que les chevaux, qui puisse être utilement employé dans certaines contrées éloignées où il serait trop difficile et trop coûteux de réunir le nombreux personnel de mécaniciens qu'exigent l'emploi et la réparation des locomotives. Il est le seul qui puisse fonctionner dans des tunnels de 13 kilomètres de long, comme sera celui du mont Cenis. La gravité des accidents dans un tel tunnel et le défaut d'aérage y interdiront d'une manière absolue l'emploi des locomotives. Non-seulement leur fumée y séjournerait, mais aussi d'autres gaz méphitiques, soit qu'ils sortent de la terre, soit qu'ils émanent des voyageurs. Le système éolique offrirait, outre la force, un excellent aérage, par l'air qui s'échapperait en abondance de chaque section du tube propulseur. »

M. Féline passait ensuite au calcul des forces actives comparées aux résistances. Il en concluait que le chemin éolique offrirait, en somme, d'incontestables avantages sur tous les moyens de traction employés jusqu'à ce jour, et terminait en disant :

« Nous nous résumons donc, et nous disons que, si l'homme, comme le Créateur, commence par des créations compliquées et monstrueuses, il doit aussi, comme le Créateur, supprimer ces monstres. La locomotive doit donc périr comme les mammouths et les mastodontes. »

Bien qu'ayant trouvé, dans le sein de la commission, des contradicteurs sérieux, M. Féline, Messieurs, ne s'est pas tenu pour battu, et persiste à soutenir que le système éolique de M. Andraud présente de très grands avantages et mérite d'être expérimenté concurremment avec les chemins à locomotives. Il faut, sans doute, pour l'un comme pour l'autre, une voie spéciale ; mais l'établissement des chemins éoliques présentera une immense économie sur ceux à locomotives, en ce que l'on évitera tous les travaux de terrassement, puisque les pentes seront surmontées par une augmentation dans le diamètre du tube propulseur ou par une moindre vitesse ; que l'on construira les ponts et viaducs à moins de frais ; que les rails, traverses et coussinets n'auront pas besoin d'avoir la même force ; qu'il ne faudra pas d'énormes et dispendieux ateliers, ni la mise de fonds qu'exigent les locomotives.

L'exploitation semble devoir être moins coûteuse, en ce qu'il y aura économie sur l'entretien de la voie et des locomotives ; qu'il ne faudra pas transporter celles-ci ; que les machines fixes, même à vapeur, consomment beaucoup moins que les locomotives et acceptent tous les combustibles. Elle sera également plus commode, en ce que l'on marchera par wagons isolés, se succédant aussi rapidement que l'on voudra. Enfin, ce système préserve les voyageurs et le matériel de tout danger.

Quant aux inconvénients, on est porté à reconnaître que la vitesse sera difficilement aussi grande que celle des locomotives ; mais ce défaut de vitesse sera compensé en ce que les wagons, se rendant directement à leurs stations, ne perdront plus de temps aux stations intermédiaires. Il y aura, sans doute, une perte de force dans le mode de transmission du mouvement et par les fuites d'air ; mais ces pertes seront-elles plus grandes que celles des locomotives ? C'est ce que l'expérience seule peut démontrer. Et ne seront-elles pas compensées par l'excessif bon marché des forces, soit que l'on emploie l'eau, le vent, ou les combustibles, là où ces derniers sont au plus bas prix ? Enfin, on objecte la détérioration et l'usure du tube propulseur. Quant à la détérioration par l'effet des intempéries des saisons, les expériences ont été très satisfaisantes ; pour l'usure résultant d'un usage fréquent, le temps seul pourra nous instruire à cet égard ; mais il est douteux qu'elle égale celle des locomotives et des rails.

Il est enfin un avantage qui devrait, selon lui, faire préférer les chemins éoliques à ceux à locomotives, surtout dans les pays où l'industrie est peu avancée : c'est que les premiers dispensent de la nécessité d'avoir un nombreux personnel d'ouvriers mécaniciens.

Quant à la comparaison entre le système éolique et celui à locomotive à air comprimé, M. Féline pense que ce sont les diverses circonstances qui devraient faire donner la préférence à l'un plutôt qu'à l'autre. Mais, tout partisan qu'il est de l'air comprimé, il croit qu'il y aura de grandes pertes de force, en ce que l'on ne retrouvera pas à l'usage toute celle qu'il aura fallu employer à la compression ; et comme ces pertes seront d'autant plus grandes que la pression sera plus élevée, il pense qu'il vaudra mieux, quand on le

pourra, employer l'air comprimé à basse pression et par le moyen de tubes donnant l'air-courant (sauf à comprimer à mesure de la consommation), de préférence aux systèmes qui consistent à transporter des réservoirs contenant de l'air à haute pression.

Nous ne terminerons point cette première partie de notre septième paragraphe sans constater qu'au moment même où M. Féline indiquait l'air comprimé comme étant le seul moteur admissible pour les locomotives, destinées à parcourir de longs tunnels, tels que celui du mont Cenis, un savant dont le nom, déjà célèbre, est bien connu de vous tous par suite des essais qu'il a faits pour substituer sur les chemins de fer l'adhérence magnétique à l'adhérence résultant du poids des locomotives, M. J. Nicklès, professeur à la Faculté des sciences de Nancy, publiait une intéressante brochure où la même thèse est soutenue avec non moins de science que de talent.

LE MOTEUR DES CONVOIS DES GRANDS TUNNELS, ET EN PARTICULIER DU TUNNEL SOUS-MARIN, tel est le titre de ce curieux opuscule dans lequel M. Nicklès établit de la façon la plus péremptoire que le seul agent de locomotion possible dans les tunnels de grande longueur est l'air comprimé.

Après avoir prouvé, par de nombreux calculs, que l'emploi de la vapeur y entraînerait forcément les inconvénients les plus graves ;

Après avoir démontré que l'air comprimé ne sera pas plus dispendieux, en somme, que tout autre agent de locomotion ;

Après avoir fait ressortir, enfin, les incontestables avantages d'un système qui comporte tout à la fois la force motrice et les moyens d'aération et d'assainissement du tunnel ;

M. Nicklès termine par ces mots, que nous nous faisons un devoir de reproduire textuellement :

« Notre but, dans ce travail, a été de démontrer que la locomotive actuelle ne saurait répondre aux exigences du service des tunnels de grande longueur, et en particulier du tunnel sous-marin ; d'engager ensuite les hommes spéciaux à songer à des moyens de locomotion mieux appropriés à ce service; et, enfin, de leur soumettre la solution que nous croyons la seule rationnelle, *celle de remplacer la vapeur par l'air comprimé.*

« Les essais tentés jusqu'ici, les machines proposées, peuvent pécher dans les détails, comme toute invention au début; mais, du jour où l'on pourra entrevoir pour l'air comprimé un avenir certain, les chercheurs qui ont tourné leur esprit vers cette question ne manqueront pas de faire pour elle ce qu'on a fait pour la machine à vapeur, si incomplète à l'origine; pour le télégraphe électrique, d'abord si capricieux. Heureux serons-nous si nous réussissons à nous faire entendre des constructeurs, ainsi que des hommes spéciaux qui se sont adonnés à l'étude de l'air comprimé *et à convaincre les premiers que cette force précieuse* AURA SON TEMPS. »

Vous le voyez, Messieurs, **M. J. Nicklès** nous vient bravement en aide, et sa brochure arrive à point pour justifier, par le calcul, les idées énoncées plus haut dans l'intéressante communication de M. Féline.

Arrivant à la conclusion, **M. J. Nicklès** résume ainsi sa pensée :

« De ce qui précède, on peut conclure que :

« 1° La locomotive à vapeur doit être bannie du service des tunnels de grande longueur, du genre du tunnel sous-marin projeté par M. Thomé de Gamond, ou même de celui du mont Cenis, en voie d'exécution ;

« 2° La locomotive doit être rejetée de ce service :

« D'abord, parce qu'elle vicierait l'air à tel point, qu'elle rendrait le souterrain inaccessible à l'homme et aux animaux ;

« Ensuite, parce que cette cause d'insalubrité s'exercerait avec une telle rapidité, qu'elle rendrait insuffisants ou trop dispendieux les moyens d'assainissement qu'on pourrait employer ;

« Enfin, parce que l'air devenu irrespirable pour l'homme serait impropre à alimenter la locomotive, qui resterait en route faute de vapeur, ou, ce qui revient au même, faute de feu, c'est-à-dire faute d'air capable d'entretenir la combustion.

« Pour parer à ces inconvénients, nous proposons :

« 3° De faire le service de traction avec des machines à air comprimé ;

« Au nombre des avantages offerts par ce système, on peut citer les suivants :

4° L'agent de propulsion non-seulement n'altérerait pas l'air du souterrain, mais, de plus, il permettrait de se passer de toute espèce de ventilation, car il fournirait à lui seul, et sans nouvelle dépense, l'air nécessaire à l'assainissement.

« 5° Le courant d'air déterminé par lui assécherait promptement le souterrain et le protégerait constamment contre l'humidité et les causes d'insalubrité qui en sont la conséquence ;

« 6° Il garantirait le voyageur de toute chance d'incendie ou d'explosion ;

« 7° L'emploi de l'air comprimé mettrait le train à l'abri des inconvénients qui résultent du manque d'adhérence, et constituerait par cela même une grande simplification. »

CHEMINS MIXTES.

L'expression si formelle de l'opinion précédemment émise par notre honorable président, à propos du système éolique, amenait naturellement la discussion sur un autre système spécial, dit *de chemins mixtes*, que propose **M. Andraud.**

Ces chemins auraient le double avantage de pouvoir être établis partout, même sur les bas-côtés de nos grandes routes actuelles, sans gêner en rien la circulation, et d'éviter dans l'emploi des locomotives à air les pressions considérables de 30 et de 40 atmosphères que rendrait indispensables, sur chemins de fer ordinaires, la nécessité de parcourir d'une seule traite des distances de 20 à 30 kilomètres.

Le système mixte permettrait, en outre, de réduire, de moitié peut-être, le nombre des appareils de compression échelonnés sur la ligne, et diminuerait en ce sens les frais de premier établissement et d'exploitation.

Ce système consiste tout simplement en un tube-réservoir longitudinal, courant en dessous du sol entre les deux rails, et portant l'air comprimé d'un bout à l'autre de la ligne. Des robinets distributeurs, placés de distance en distance, permettraient aux locomotives de renouveler plus fréquemment leur provision d'air, qui n'aurait plus besoin dès lors d'être comprimé à si haute pression, et, si l'on admet que les appareils de compression aux extrémités du tube-réservoir soient assez puissants, on concevra que des concessions de force puissent être faites sur le parcours de la ligne, pour satisfaire aux besoins de l'agriculture ou de l'industrie. Ainsi se trouverait déjà réalisée, en partie, la grande pensée utilitaire de M. Thomé de Gamond; ainsi pourrait être doublé le bienfait de ces voies nouvelles qui viendraient doter le pays de puissants moyens de production, en même temps que de moyens de circulation non moins rapides et plus sûrs que ceux employés jusqu'ici.

Les calculs que nous avons cités plus haut, et qui font partie du travail de M. Menabrea, démontrent d'ailleurs, jusqu'à la dernière évidence, que le mouvement de l'air comprimé, dans les tubes de grande longueur, s'effectue sans trop de perte, et chacun a pu s'en convaincre par la vitesse que conserve encore le gaz d'éclairage à son arrivée aux brûleurs, bien qu'il ait eu, dans certains cas, plusieurs kilomètres de canalisation à franchir sous l'influence d'une pression d'eau d'un trentième au plus d'atmosphère.

M. Rouen, ingénieur, qui s'est particulièrement occupé de la question, est, sur ce point capital, tout à fait d'accord avec nous.

HUITIÈME PARAGRAPHE

REMORQUEURS DE FLEUVES SUR CANAUX.

Si jamais question fut digne de votre intérêt, Messieurs, c'est celle que ce paragraphe a pour objet, et à laquelle vient se rattacher, par les liens les plus étroits, l'avenir d'une industrie naguère encore florissante en France, et maintenant anéantie, écrasée pour ainsi dire, sous la formidable concurrence des chemins de fer : c'est de la batellerie qu'il s'agit.

Là, plus que partout ailleurs, les forces naturelles et gratuites rendraient d'immenses services, si l'on découvrait les moyens d'en utiliser la puissance, si les innombrables bateaux qui animaient tant autrefois le cours de nos larges fleuves, les bords sinueux de nos rivières, et les berges de nos canaux, trouvaient, dans de nouveaux moyens de propulsion, l'élément de prospérité qui leur manque, la traction à moindre prix.

Votre Commission, Messieurs, comprenant toute l'importance de cette vaste question, s'est longtemps et consciencieusement livrée à son examen, et l'on peut résumer ainsi les questions approfondies auxquelles elle a donné lieu.

La locomotive fluviale au moyen de l'air comprimé avait un rapport trop intime avec la locomotion sur chemins de fer ou autres, pour que des faits relatifs à la seconde ne soient pas souvent venus se mêler à ceux qui se rattachaient à la première; ne soyez donc pas trop surpris si des questions aussi connexes semblent parfois se confondre dans ce rapport que, à tous égards, j'aurais voulu rendre plus clair et surtout moins long.

C'est ainsi, par exemple, qu'à propos de l'application des forces naturelles à la compression de l'air, qui doit devenir ainsi la puissance motrice de nos bateaux de transport, M. Andraud, dont le nom revient incessamment sous notre plume, a donné à votre commission de précieux détails sur sa turbine éolique et sur son hélice fluviale.

La première est une sorte de moulin à vent, mais qui n'a pas besoin d'être orienté, puisqu'il l'est toujours et tourne dans le même sens, quelles que soient la direction ou la vitesse du vent.

L'appareil moteur consiste en six ailes courbes, fixées sur un arbre vertical qu'elles entraînent dans leur mouvement que détermine le courant d'air passant entre huit plans verticaux fixes, tous inclinés dans le même sens ; de telle sorte que le vent, de quelque côté qu'il souffle, se dirige toujours sur la face concave des ailes et les oblige à tourner, avec d'autant plus de puissance que les plans de compression sont plus étendus.

Quant à l'hélice fluviale, son principe repose sur la pression des eaux courantes.

Cette hélice est plongée entièrement dans l'eau, faisant face au courant : elle est composée d'ailettes inclinées toutes dans le même sens ; au devant du centre s'avance un cône qui présente son sommet au fil de l'eau.

L'hélice est, d'ailleurs, placée au centre d'un entonnoir formé de deux joues qui forment cône ; de sorte que l'eau, s'engouffrant entre cet entonnoir et le cône central, se jette avec violence sur les ailes obliques et les force à tourner.

Une fois placée au fond de l'eau, l'hélice fluviale y tourne continuellement, et ne craint ni les sécheresses, ni les hautes eaux, ni les glaces.

Dans les expériences que M. Andraud a faites sur la Seine, une roue à palettes, placée dans les mêmes conditions que l'hélice fluviale, n'a soulevé que 650 grammes ; tandis que l'hélice fluviale en soulevait 15,000, donnant ainsi un effet vingt-trois fois plus considérable.

Une hélice fluviale de 60 centimètres de diamètre, adaptée à une pompe, a fait jaillir l'eau à 13 et 15 mètres de hauteur, et une hélice de 1 mètre de diamètre a fait jaillir 1 pouce d'eau à 24 mètres de hauteur.

Brevetée en France en 1840, époque des expériences que nous venons de rapporter, l'hélice fluviale a été introduite en Amérique en 1846 ou 1847 : elle y est connue aujourd'hui sous le nom de moulin à hélice d'invention *anglaise*, comme toujours.

C'est encore à cette occasion que M. Andraud nous a cité les travaux de M. Pecqueur, ceux de M. Zambeaux et ceux de M. Chammeroy. Tous trois se sont, comme on sait, occupés de l'air comprimé comme agent de locomotion ; mais, d'après l'étude qu'a faite M. Andraud du système Pecqueur, ce système lui paraît trop compliqué pour qu'on s'y arrête sérieusement ; il aurait, dit-il, plus de confiance dans le système de M. Zambeaux et dans celui de M. Chammeroy, qui lui paraissent, l'un et l'autre, fort ingénieux, et dignes, à tous égards, de fixer l'attention des praticiens.

Cette sorte de digression, dans laquelle M. Andraud nous avait aussi parlé de ses premiers essais au Pecq, avec un double tube et des rouleaux verticaux, s'est terminée par la communication d'un dessin fort curieux de l'application de ce système à l'extraction du charbon dans les puits de mines.

Cette idée, parfaitement rationnelle et applicable, a été, nous devons le dire, accueillie avec une faveur très marquée de la part de tous les membres présents ; et, bien qu'elle nous éloigne beaucoup de la question des transports par eau dont nous nous occupions tout à l'heure, nous nous plaisons à la citer ici comme une des plus ingénieuses applications de cette puissance qui s'appelle *l'air comprimé*.

Mais revenons à nos bateaux.

On a soulevé la question de savoir si l'air comprimé serait une force applicable aux besoins de la navigation maritime.

L'avis de tous a été que cela n'était pas probable, au moins dans l'état actuel de nos connaissances acquises.

Tout au plus — a-t-il été dit — pourrait-on tenter son emploi pour des traversées périodiques et courtes (une ou deux heures au plus); pour lesquelles, sans avoir exclusivement égard à la dépense, on aurait plus d'intérêt à réserver la place pour les passagers et les marchandises, surtout pour les contrées qui n'ont pas de combustible.

Dans ce cas, deux machines fixes, à terre, une à chaque extrémité de la ligne, offriraient, sans doute, quelques avantages : car, si c'est déjà quelque chose que de n'avoir à bord ni condensation de vapeur, ni chaleur nauséabonde, ni fumée noire sur le pont, c'est un avantage immense de n'avoir plus à redouter l'incendie à bord ; en ajoutant, d'ailleurs, le bénéfice de cette autre circonstance, que les réservoirs d'air placés sur les flancs du navire le rendraient presque insubmersible.

Quant à la navigation fluviale, c'est différent, et, dans certains cas, les avantages pourraient être immenses.

Supposons un fleuve rapide : le Rhône par exemple.

Un bateau doit le remonter, chargé lui-même de voyageurs ou de marchandises, ou donnant tout simplement la remorque à d'autres bateaux : une force motrice déterminée est nécessaire. Or le courant d'un fleuve comme le Rhône est une force, et cette force travaille toujours : *il n'y a qu'à la regarder faire.*

Eh bien ! admettons, pour un instant, que cette force continue, incessante, infatigable, emploie, s'il le faut, vingt-quatre heures à produire en air comprimé la puissance motrice déterminée dont nous parlions à l'instant, en quantité telle, qu'il y en ait pour une heure de marche : il ne faudra plus, maintenant, que des machines à comprimer établies en station sur les bords du fleuve et en nombre suffisant pour assurer le service.

Ces machines seront mues par le courant même, au moyen de roues hydrauliques appropriées ; et il est aisé de comprendre que le bateau-voyageur passant devant chaque station y prendra, pour gagner la station suivante, la provision d'air comprimé qui lui sera nécessaire, et que l'appareil-compresseur aura mis, si vous voulez, vingt-quatre heures à *fabriquer*, sans autres frais que l'entretien peu dispendieux et la surveillance peu fatigante de ces sortes de machines.

Il est évident que, dans ce cas, le transport des marchandises pourrait s'effectuer sur certains fleuves à des prix bien inférieurs à ceux que coûte aujourd'hui ce travail ; et nul ne saurait prévoir ce que peut rapporter dans l'avenir cette merveilleuse industrie.

Quant aux moindres rivières et canaux où, naturellement, le courant seul ne présente qu'une force vive, insignifiante ou limitée, il faudrait en établir le régime au moyen de chaînes de touage, et le bateau-remorqueur s'approvisionnerait alors, tant au moyen de compresseurs éoliques placés en des points favorables, fût-ce même à quelque distance, qu'au moyen de compresseurs hydrauliques que l'on pourrait établir partout où des chutes naturelles ou artificielles en permettraient l'installation. On aurait, alors, le long des berges, un tube-réservoir analogue à celui que nous avons indiqué pour le service des chemins mixtes ; et des prises d'air ménagées de place en place permettraient au bateau-toueur de prendre sa provision en passant.

Quelque dispendieux que puisse paraître ce système au premier abord, il est évident, Messieurs, qu'il serait infiniment moins cher que le halage à la remonte, et que, à la descente et à vide, les frais de traction proprement dits deviendraient presque insignifiants.

Ajoutons encore qu'ici, comme pour les chemins mixtes, une Compagnie *fabricante et marchande de force pour les bateaux sur les canaux et rivières,* profiterait également de son tube-réservoir pour vendre à l'agriculture ou à d'autres industries l'excès de force dont elle pourrait disposer ; réalisant ainsi, sur d'autres points, cette belle pensée de M. Thomé de Gamond, que nous avons déjà rappelée, et à laquelle votre Commission, Messieurs, avait si chaleureusement applaudi.

Par ce moyen, les bords des canaux et rivières seraient doublement vivifiés.

NEUVIÈME PARAGRAPHE

ARMES DE GUERRE, FUSÉES ET PIÈCES D'ARTIFICE.

Nous avons déjà vu, Messieurs, que M. Audraud avait fait quelques essais d'un canon à air; mais cet habile ingénieur ne nous a point dit que des expériences de tir aient donné tels ou tels résultats de la portée de son arme à laquelle on ne s'est point arrêté.

Vous savez tous que l'invention du fusil à vent date de fort loin. Un nommé Martin, de Lisieux, offrit à Henri IV le premier qui fut vu en France, et, depuis ce temps, c'est une arme qu'on rencontre assez souvent dans les cabinets des curieux. On l'emploie même en Allemagne pour la chasse au bois.

L'invention première est attribuée par l'*Encyclopédie* à Othon Guerike, si connu des physiciens par ses expériences pneumatiques, notamment par celle dite des hémisphères de Magdebourg; et un armurier de Rome perfectionna, dit-on, plus tard ces premiers essais.

Quant aux fusées et artifices de guerre, il n'apparaît pas qu'on ait fait jusqu'à présent de tentatives pour demander à la puissance expansive de l'air, préalablement comprimé, la vitesse initiale ou la force de translation de ces terribles engins : nous n'avons donc rien à en dire ici; mais de bien précieux renseignements nous ont été fournis par un de nos honorables collègues, M. Perrot, que déjà vous connaissez tous, Messieurs, par l'invention de sa fameuse *Perrotine*, machine à imprimer les étoffes en plusieurs couleurs à la fois et au moyen de planches plates.

C'est avec lui que, dans une visite spéciale faite au Musée d'artillerie, nous avons examiné, dans le plus grand détail, un grand nombre de fusils à vent dont quelques-uns, d'un grand luxe

et à rouet, remontent au temps de Charles IX.

Un des plus parfaits que nous ayons vus dans cette admirable collection dont M. le colonel Favé, aide de camp de S. M. l'Empereur, nous avait fait ouvrir les portes avec la grâce la plus parfaite, est un fusil à vent construit par le célèbre armurier Lepage, en 1810 ou en 1811, sur l'ordre exprès de l'empereur Napoléon Ier. L'air est comprimé dans la crosse, et les balles, au nombre de vingt-quatre, sont contenues dans un petit canon latéral d'où la détente les fait passer une à une dans la chambre de la culasse.

L'application de l'air comprimé aux armes de chasse ou de guerre était, vous le voyez, Messieurs, chose assez peu importante encore, lorsqu'en 1831 M. Perrot fit, à Rouen, les premiers essais de ses nouvelles armes, qu'un de nos collègues, M. Victor Meunier, rédacteur en chef de *L'Ami des sciences,* a longuement décrites dans ce journal, en 1855.

L'air, dit ce savant écrivain, se comprime dans des cylindres en forte tôle, de 2 mètres de long sur $0^m.25$ de diamètre, au moyen de deux pompes horizontales, à pressions successives, *à la Thilorier.*

Dès que la pression est parvenue à 100 atmosphères, les pompes marchent folles, de sorte qu'il n'y a pas d'explosion à craindre.

Ajoutons ici qu'au moyen d'une soupape à percussion, non moins ingénieuse que simple, M. Perrot a résolu le difficile problème de régler l'émission de l'air de telle sorte, que la dernière balle ait, à sa sortie du canon, la même vitesse initiale que la première.

La seconde machine de M. Perrot est ce même fusil monté sur affût roulant et devenu locomobile. L'une attend l'ennemi, l'autre va le trouver. Ainsi, dès 1831, M. Perrot réalisait à Rouen la locomotion par l'air comprimé; de même que, dès cette époque, il songeait à utiliser la force de nuit, encore aujourd'hui perdue de presque toutes les usines hydrauliques, pour comprimer l'air dans des réservoirs et livrer la force *en bouteilles* aux nombreux consommateurs qui en auraient fait la demande.

DIXIÈME PARAGRAPHE

DES DIVERS MOYENS DE COMPRESSION MIS EN USAGE OU PROPOSÉS JUSQU'A CE JOUR.

Cette question, Messieurs, était trop importante pour n'avoir pas préoccupé tout particulièrement votre commission : car, de sa solution, dépend relativement le prix de revient de l'air comprimé; de sa solution dépend, surtout, la possibilité de comprimer l'air et de l'emmagasiner pour l'usage.

La première idée qui se présenta aux expérimentateurs fut celle de la compression directe et immédiate.

Ainsi, dans la pompe à air du *fusil à vent*, dans celle de la *fontaine de compression*, l'air est comprimé *directement par le piston*, sans le secours d'aucun corps intermédiaire.

Qu'arrivait-il de là?

Il arrivait que, travaillant à sec, les pistons et les clapets s'échauffaient, les corps de pompe se dilataient et le plus petit grain de sable suffisait à paralyser l'action des soupapes, surtout quand la pression commençait à devenir considérable.

L'opérateur était-il enfin parvenu à ce degré de pression, c'est alors qu'il rencontrait incessamment une résistance incessamment croissante; et il arrivait un moment où la compression ultérieure devenait, pour ainsi dire, impossible, et n'était, dans tous les cas, obtenue qu'au prix des plus grands efforts.

A cet appareil imparfait succéda la pompe à mercure de MM. Taylor et Martineau.

Dans cet ingénieux appareil, le piston de fer se meut dans un bain de mercure dont la surface, s'élevant dans le corps de pompe, comprime l'air au-dessus d'elle et sert ainsi d'intermédiaire entre le volume d'air à comprimer et le piston compresseur.

Ces pompes, outre qu'elles étaient assez chères, perdaient toujours du mercure et se déréglaient aisément; elles avaient, en outre, l'inconvénient bien plus grave d'altérer en peu de temps la brasure au cuivre des réservoirs, et il fallut chercher mieux.

Les pompes à double effet de Thilorier, employées par M. Perrot, donnaient de bons résultats; mais, à l'usage, on y trouvait encore cet inconvénient qu'à chaque coup de piston la résistance allait croissant et rendait la compression de l'air, à de hautes pressions, de plus en plus difficile et dispendieuse.

Frappé de ces imperfections, M. Andraud imagina un nouveau moyen de fouler l'air à un degré indéfini avec des pompes de force médiocre qu'il faisait agir dans l'intérieur de récipients déjà chargés eux-mêmes d'air comprimé à un certain degré. Ces récipients communiquaient entre eux

au moyen de tuyaux garnis de valves, et chacune des pompes intérieures, aspirant ainsi de l'air
déjà comprimé à un certain degré, se refoulait
dans un récipient voisin contenant de l'air plus
comprimé encore.

C'était un progrès notable ; mais la chaleur
dégagée par le fait même de la compression dila-
tait toujours les appareils et devenait une cause
de détérioration assez prompte : ce qui conduisit
M. Andraud, ainsi qu'il le dit lui-même dans la
spécification de son brevet de 1844, à faire in-
tervenir l'eau dans la compression, et cela de trois
manières :

1° En plongeant les pompes et les tuyaux
dans l'eau maintenue froide autant que possible ;

2° En agissant directement sur l'eau refoulée
alternativement dans deux réservoirs contigus,
dans lesquels l'air supérieur se comprime et passe
dans le récipient général ;

3° Enfin, en disposant les pompes foulantes,
de telle sorte que l'air, en sortant de ses pompes,
passe à travers une masse d'eau froide avant de
se rendre dans le récipient.

Le second moyen, vous le voyez, Messieurs,
mettait déjà sur la voie de la compression par
l'eau, et c'est à peu près vers le même temps que
M. Jullienne appliquait la presse hydraulique
à la compression des gaz, substituant ainsi défi-
nitivement le piston *liquide* au piston *solide*.

M. Jullienne avait, dès lors, compris que le
piston solide est rarement parfait, que le moindre
corps étranger l'altère, que la moindre irrégula-
rité dans le corps de pompe le rend incapable
d'agir ; tandis que le piston liquide au contraire,
le piston d'eau, non moins incompressible que
l'autre, remplit toujours exactement le corps de
pompe à l'intérieur duquel il se meut.

L'appareil est simple d'ailleurs, et le mécanisme en est facile à saisir :

Qu'on se figure un vase quelconque à parois
très résistantes, hermétiquement clos de toutes
parts et vide, c'est-à-dire ne contenant quant à
présent que de l'air ;

Supposons à sa partie supérieure une soupape
ou clapet s'ouvrant du dedans au dehors et

communiquant par un tube avec un deuxième
vase dans lequel on se propose d'emprisonner l'air
ou les gaz ;

Admettons encore que l'extrémité inférieure
du premier vase communique aussi par un tube
avec le tuyau d'émission d'une pompe aspirante
et foulante, — une pompe d'épreuve par exemple, — dont le tuyau d'aspiration plonge dans
une bâche pleine d'eau, d'huile ou de tout autre
liquide ;

Adaptons enfin, à l'extrémité supérieure de
ce même vase, un robinet pour la rentrée de
l'air, et à son extrémité inférieure un autre robinet pour donner issue à l'eau dont nous n'allons
pas tarder à le voir rempli ;

Puis, faisons agir la pompe :

Qu'arrivera-t-il ?

L'eau de la bâche, *attirée par le tuyau d'aspiration* de la pompe, sera *refoulée par le tuyau
d'émission* dans le premier vase ; et s'y élèvera
d'autant plus que l'action de la pompe se répétera
davantage.

A mesure que l'eau s'élèvera, elle tendra nécessairement à déplacer l'air contenu dans le vase
et qui, si j'ose m'exprimer ainsi, se réfugiera,
chassé par elle, dans la partie supérieure, se res-
serrant sur lui-même, se faisant de plus en plus
petit, en quelque sorte, pour échapper à l'envahissement successif de l'eau.

Mais, sous l'action répétée de la pompe, l'eau,
montant toujours, parvient enfin jusqu'en haut
du vase, et le remplit entièrement.

Que se passe-t-il alors ?

L'air chassé par l'eau qui le presse contre la
soupape, soulève enfin celle-ci pour entrer dans
le deuxième vase qui reçoit ainsi tout le volume
d'air originairement contenu dans le premier
vase. On donne issue à l'eau qui le remplit et l'on
y laisse rentrer de nouvel air que, sous l'action de
la pompe, l'eau refoulera de nouveau dans le
deuxième vase, jusqu'à que celui-ci se trouve
enfin contenir une provision d'air comprimé suffisante pour le besoin.

Si l'on réfléchit maintenant à la manière dont
se passent les choses dans le jeu de cet appareil,
on ne tardera pas à se convaincre que rien ne

peut s'opposer à ce que l'air y puisse être comprimé,

A toute pression, sans autre limite que celle de la résistance même des réservoirs :

Sans réaction, puisque l'air déjà comprimé dans le second vase n'oppose aucune résistance, si ce n'est au dernier moment, tandis que, par l'ancien système, l'opérateur, à chaque coup de piston, rencontrait *incessamment* une résistance *incessamment* croissante ;

Sans échauffement, puisque la pompe agit constamment dans l'eau ;

Sans perte, enfin, *ni de temps ni de fluide*, puisque l'eau presse incessamment l'air qui la surnage sans qu'il puisse trouver d'autre issue que par la soupape qui lui donne accès dans le réservoir final.

En effet, les pompes, ne puisant que de l'eau, compriment à chaque coup de piston un volume d'air égal à leur capacité.

Aucune parcelle de la masse d'air à comprimer n'échappe à la compression.

La possibilité de modifier à volonté le rapport existant entre le diamètre des pompes et celui du vase dans lequel agit sur l'air le piston liquide, permet de donner à celui-ci une puissance d'action presque illimitée.

Enfin, l'air déjà comprimé n'étant plus constamment en présence de celui que l'on comprime, il en résulte que, pendant les cinq sixièmes au moins du temps que dure la compression, la résistance que les pompes ont à vaincre se trouve diminuée d'autant. Or, comme on peut toujours, vers la fin de l'opération, c'est-à-dire au moment où la résistance atteint son maximum d'intensité, paralyser l'action d'un certain nombre de pompes, il en résulte que, par le fait, la résistance est toujours la même, de sorte que la machine motrice de l'appareil peut constamment marcher d'un train régulier.

D'où il suit que, par ce système, la compression de l'air est aujourd'hui possible :

— A bas prix,
— A toute pression,
— Sans réaction,
— Sans échauffement,

— Sans perte de temps ni de fluide.

Mais ce n'était pas assez, Messieurs, pour les membres de votre commission d'avoir acquis la certitude que désormais la compression de l'air sera toujours possible et certaine dans tous les cas ; ils voulaient, en outre, se rendre compte de ce qu'il serait nécessaire d'employer de force pour obtenir un volume d'air donné, 1 mètre cube, par exemple, comprimé à 1, à 2, à 3, à 10, à 20, à 30 atmosphères.

Des explications, pleines d'intérêt, données par M. Jullienne au sein de la commission, il résulte que, dans l'appareil de compression qui lui a servi pour son expérience de Saint-Ouen, la force de sa machine à vapeur n'était pas, à beaucoup près, tout entière employée dans les premiers temps du travail, alors que la pression ne dépassait pas encore 4, 5, et même 6 atmosphères. Il y avait donc, évidemment, perte de force pendant cette première période de l'opération, d'où votre commission conclut avec M. Jullienne que tout appareil de compression doit être conçu de manière à utiliser tout entière, pendant toute la durée du travail, la force du moteur qui le commande, de telle sorte que ce moteur, ayant toujours même résistance à vaincre, marche toujours du même train.

Tel est le problème à résoudre pour arriver à comprimer l'air aussi promptement que possible, en faisant, bien entendu, le moins de dépense possible.

Il est bien constant, en effet, qu'une force motrice quelconque, naturelle ou autre, étant donnée, la disposition particulière de l'appareil compresseur qu'elle doit mettre en jeu peut être telle, qu'il y ait plus ou moins de travail produit dans un temps également donné. L'ingénieur doit donc s'appliquer à construire son appareil de manière à pouvoir utiliser TOUT ENTIÈRE la force dont il dispose, et cela *dans les premiers* comme *dans les derniers* temps de l'opération ; ce qui est facile en mettant assez de pompes pour absorber toute la force disponible en commençant ; sauf à les paralyser successivement et à mesure que la résistance augmente avec la pression.

C'est en partant de ce principe que notre savant collègue, M. Martin de Brettes, a bien voulu calculer dans quelle proportion croît la résistance et dans quelle proportion doivent, par conséquent, être paralysées successivement les pompes de l'appareil compresseur pour que la force dont on dispose soit à chaque temps de l'opération utilisée TOUT ENTIÈRE.

Ainsi que vous en pourrez, Messieurs, juger ici par vous-mêmes, ce précieux calcul de M. Martin de Brettes se divise en deux parties distinctes.

Dans l'une, il a tracé la courbe des hauteurs d'eau successives correspondant à des quantités égales de travail, et conclut en disant :

« Qu'il conviendrait de remplacer toutes les pompes par une série équivalente de pompes égales, ce qui serait facile à déterminer, et d'adopter pour unité la plus petite, si la capacité était suffisante.

« On monterait alors ces pompes sur un même arbre de couche (comme les pilons), et, au moyen d'embrayages convenables, on réduirait successivement le nombre des pompes en mouvement. — On pourrait faire exécuter mécaniquement cette réduction. »

L'autre partie du travail offert à la commission par l'honorable professeur comprend le tracé de la double courbe exprimant soit la force en chevaux-vapeur théorique, soit cette même force augmentée de 50 pour 100 (en prévision des pertes inévitables dans la pratique), nécessaire pour obtenir, en une heure, 1 mètre cube d'air comprimé, depuis 2 jusqu'à 50 atmosphères.

En voici le résultat :

Nombre d'atmosphères.	Force en chevaux	
	théorique.	pratique.
2	0,05	0,05
5	0,33	0,50
10	0,92	1,40
15	1,58	2,40
20	2,13	3,30
30	3,96	5,60
40	5,65	8,50
50	7,30	11 »

Ce travail, Messieurs, a été vivement apprécié par votre commission, que M. Martin de Brettes a mise ainsi en mesure de répondre catégoriquement à l'une des plus importantes questions qui pussent lui être soumises.

Ce qu'il y a surtout de remarquable dans ce calcul, c'est que ses résultats coïncident à peu près exactement, tant avec ceux purement théoriques qui nous ont été remis par un autre de nos collègues, M. Perrot, dont il a été déjà question dans ce rapport, qu'avec ceux essentiellement pratiques qui sont journellement obtenus pour la compression de l'hydrogène carboné dans l'usine à gaz portatif de la rue de Charonne, dont les pompes, fort ingénieuses, ont été construites par M. d'Hurcourt.

Ce n'était pourtant pas assez encore, aux yeux de plusieurs d'entre nous, et votre commission a, tout d'une voix, prié l'un de ses membres les plus zélés, M. Jules Mareschal, de vouloir bien lui donner de nouveaux calculs, autant que possible basés sur des lois purement mécaniques.

C'est pour se rendre à ce désir que M. Jules Mareschal a eu le courage d'entreprendre et la patience de mener à fin l'important travail dont nous joignons les planches à ce rapport, et qui contient des données infiniment précieuses sur l'évaluation en kilogrammètres d'un volume d'air déterminé : 1 mètre cube, par exemple, comprimé à tel ou tel nombre d'atmosphères.

C'est ainsi que, selon lui, 1 mètre cube d'air comprimé à 31 atmosphères contient la force de 3 chevaux pendant une heure, et que 1 mètre cube à 21 atmosphères ne contient plus que la force de 1 cheval, aussi pendant une heure.

La force d'un homme étant évaluée au dixième de celle du cheval, un récipient de 1 mètre cube, ou 1000 litres à 31 atmosphères, contient la force de 3 hommes pendant 10 heures de travail, soit 333 litres pour un seul homme pendant 10 heures de travail, ou 33 litres pour la force d'un homme en une heure.

Ici encore l'expérience est évidemment d'accord avec le calcul, et ce second travail de notre savant collègue complète bien dignement le premier.

Le voici, d'ailleurs, intégralement reproduit :

NOTE

SUR L'EMPLOI DE L'AIR COMPRIMÉ

L'étude de l'emploi de l'air comprimé, comme magasin de force dynamique, conduit tout d'abord à rechercher la quantité de kilogrammètres contenus dans 1 mètre cube, pris pour unité de comparaison, à toutes les pressions, depuis 1 jusqu'à 31 atmosphères (*pression que nous adoptons comme maxima*).

Déterminer ce nombre de kilogrammètres contenus dans 1 mètre cube, à toutes pressions, est le problème fondamental auquel se rattachent tous les autres.

Il paraît que l'on peut déterminer ces quantités par les logarithmes hyperboliques.

J'avoue très humblement que, ne connaissant pas cette méthode, j'en ai cherché une autre qui, si elle n'est pas aussi savante ni aussi rigoureuse, aura du moins l'avantage d'être à la portée de tout le monde.

Voici comment j'ai procédé : J'ai tracé deux lignes parallèles qui me représentent un cylindre ou tube de 2 mètres de longueur et 1 mètre de section transversale, et j'ai marqué sur ce cylindre les divisions qui représentent, d'après la loi de Mariotte, les pressions exprimées en atmosphères et fractions d'atmosphère, ainsi que les poids correspondants depuis 1 jusqu'à 31 atmosphères. De plus, j'ai inscrit en millimètres les distances qui séparent chacune des divisions correspondantes à un nombre exact d'atmosphères.

J'ai supposé que, dans ce cylindre de 2 mètres de course utile et de 1 mètre de section transversale, ouvert à la partie inférieure, clos à la partie supérieure, un piston est introduit par en bas et attiré de bas en haut par un fil, qui, à sa sortie du cylindre, vient s'attacher à une poulie dont le diamètre sera bientôt déterminé. Sur l'axe de cette poulie est calée une roue dont le diamètre primitif est égal à celui de la poulie, et qui engrène avec une deuxième roue de même dimension, montée sur un deuxième axe parallèle, lequel porte aussi une poulie égale à la première.

A cette deuxième poulie est attaché un fil auquel est suspendu un contre-poids ou masse entraînante, qui tend à faire monter le piston dans son cylindre. Tel est l'appareil que j'ai imaginé pour arriver à la solution du problème. Le croquis joint à cette note peut, d'un coup d'œil, en donner l'idée.

Supposons maintenant que le piston soit déjà monté de 1 mètre de haut dans le cylindre, il sera parvenu à la moitié de sa course, et l'air qu'il aura comprimé devant lui opposera à son mouvement 1 atmosphère au-dessus de la pression atmosphérique. En conséquence, le contre-poids devra être, en ce moment, de 10,330 kilogrammes, et, pour que le mouvement ascensionnel continue par l'effet de ce contre-poids, celui-ci devra augmenter incessamment, de telle sorte que, lorsque le piston sera arrivé dans le cylindre à la hauteur correspondante à la pression de 2 atmosphères au-dessus de la pression atmosphérique, la masse entraînante devra peser le double, c'est-à-dire 20,660 kilogrammes.

La course parcourue par le piston pour comprimer l'air du cylindre, de 2 à 3 atmosphères (*comptant l'air ambiant pour* 1), est de 0^m.334. Adoptant pour nos deux poulies et nos deux roues un diamètre de 0^m.106, elles fourniront la course en un tour complet.

Maintenant, si, au lieu de supposer que le contre-poids augmente incessamment, nous admettons au contraire qu'il ne change pas, et que c'est la roue dentée, montée sur le premier axe, qui augmente peu à peu de rayon, de façon que les rapports des rayons soient toujours inversement égaux à ceux des pressions du piston et du contre-poids, l'ascension du piston n'en aura pas moins lieu; seulement, la masse entraînante de 10,330 kilogrammes, invariable de pesanteur, descendra d'une quantité plus grande que la course du piston. Déterminant en millimètres la hauteur de chute du contre-poids, et multipliant ce nombre par 10,330, nous obtiendrons pour produit la quantité de kilogrammètres théoriques

6

nécessaires pour comprimer l'air de 2 à 3 atmosphères, dans un cylindre de 2 mètres de course et de 1 mètre de section.

Il s'agit donc de déterminer la courbure que devra affecter la ligne primitive de la denture, pour une révolution entière de son axe (*puisque nous avons vu que la course du piston correspondait à un tour complet de l'axe de la première poulie*). Le développement de cette courbe donnera la course de la masse entraînante.

J'ai déterminé cette courbe successivement pour chaque atmosphère, et, sans entrer dans les détails de ce travail, je dirai de suite les résultats que j'ai obtenus ; lesquels, je l'espère, se rapprochent assez près de la vérité pour les calculs de la pratique.

J'ai trouvé que, pour faire monter le piston de 1 mètre dans son cylindre et obtenir, par conséquent, 1 mètre cube d'air comprimé à 1 atmosphère au-dessus de la pression atmosphérique, le contre poids de 10,330 kilogrammes descend de 0.434. Force dépensée et emmagasinée : 4,493 kilogrammètres.

L'ascension du piston, pour arriver de 2 à 3 atmosphères, est, comme je l'ai déjà indiqué, de 0,334, et la force absorbée de 5,082 kilogrammètres.

			la course est de	la force absorb. de
De	3 à 4	atmosph.	0,166	4,276 kilog.
de	4 à 5	—	0,100	3,636 —
de	5 à 6	—	0,067	3,057 —
de	6 à 7	—	0,048	2,768 —
de	7 à 8	—	0,035	2,417 —
de	8 à 9	—	0,028	2,210 —
de	9 à 10	—	0,022	1,962 —
de	10 à 11	—	0,019	1,880 —
de	11 à 21	—	0,086	13,274 —
de	21 à 32	—	0,031	8,367 —

De ces données je déduis les résultats suivants :

1 mèt. cub. d'air à	2 atm.	contient 4,493 kilog.
1	— 3	— 14,362 —
1	— 4	— 27,702 —
1	— 5	— 43,717 —
1	— 6	— 61,632 —
1	— 7	— 81,592 —
1	— 8	— 102,916 —
1	— 9	— 125,725 —
1	— 10	— 149,515 —
1	— 11	— 174,795 —
1	— 21	— 473,077 —
1	— 31	— 828,041 —

La force du cheval-vapeur étant de 75 kilogrammètres en 1" ou 270,000 en 1 heure, on voit que 1 mètre cube d'air comprimé à 31 atmosphères contient la force de 3 chevaux pendant 1 heure, et que 1 mètre cube à 21 atmosphères contient la force de 1 cheval 75, aussi pendant une heure.

La force d'un homme étant évaluée au dixième de celle du cheval, un récipient de 1 mètre cube ou 1,000 litres à 31 atmosphères contient la force de 3 hommes pendant 10 heures de travail, soit 333 litres pour un seul homme pendant 10 heures de travail, ou 33 litres pour la force d'un homme en 1 heure.

Le tableau ci-dessus démontre l'avantage qu'il y aura à employer l'air à haute pression ; on voit que 1 mètre cube à 31 atmosphères contient 828,041 kilogrammètres, tandis que, à 10 atmosphères seulement, c'est-à-dire à une pression environ trois fois moindre, il n'en contient plus que 147,515, ce qui équivaut à une force presque six fois moindre.

Ce tableau me paraît aussi utile à consulter pour l'établissement d'une pompe de compression à effet constant, ainsi qu'à l'étude de la distribution de l'air dans le cylindre de l'appareil moteur, pour son utilisation complète. C'est l'examen de ce dernier point que je vais entreprendre pour terminer cette note.

Constatons tout d'abord :

1° Que, quelle que soit la pression de l'air du récipient, pendant tout le cours du travail, les quantités introduites à chaque pulsation sous le piston doivent fournir une même quantité de force pour une marche régulière ; en d'autres termes :

Chaque coup de piston doit transmettre un même nombre de kilogrammètres, quelle que soit la pression de l'air contenu dans le récipient.

2° L'air comprimé, après qu'il a produit son effet, doit, pour être utilisé complétement, sortir du cylindre à la pression atmosphérique, quelle qu'ait été d'ailleurs sa pression à son arrivée.

3° Il convient de déterminer la limite de pression minima au delà de laquelle l'air emmagasiné ne pourra plus surmonter la résistance du piston; afin d'utiliser autant que possible la force emmagasinée, nous fixerons cette limite à 2 atmosphères.

4° Nous rappelons que dans tout ce qui précède comme dans tout ce qui va suivre, la pression atmosphérique compte pour un. Deux atmosphères signifient une pression de 1 atmosphère au-dessus de la pression atmosphérique; ce n'est qu'ainsi que la loi de Mariotte se vérifie (1).

5° J'ajouterai que les résultats des calculs indiqués dans cette note sont les résultats théoriques. Ils devront être multipliés par les coefficients de réduction, déterminés par l'expérience pour chaque sorte d'appareils.

Ceci posé, déterminons la quantité de kilogrammètres développés par l'avant-dernier coup d'un piston agissant dans un cylindre de machine motrice, ayant, comme le premier, 1 mètre de section et 2 mètres de course, alimenté par un récipient arrivé à la limite d'épuisement, c'est-à-dire à 2 atmosphères (1 + 1).

Ce piston est élevé à 1 mètre, avec une force continue de 10,330 kilogrammètres; la puissance développée est donc de 10,330 kilogrammètres.

La deuxième moitié de la course, alimentée par la détente complète, c'est-à-dire jusqu'à 1 atmosphère (*air ambiant*), fournira, ainsi que nous l'avons vu, 4,493 kilogrammètres: total, 14,823 kilogrammètres.

Ce nombre de 14,823 kilogrammètres est la quantité de force à fournir par chaque pulsation pour une rotation uniforme de l'arbre moteur, avec utilisation complète de la détente, la résistance étant supposée constante.

Il faut donc déterminer la quantité d'air à introduire dans le cylindre, pour chaque pulsation, suivant les pressions successives du récipient, c'est-à-dire depuis 31 atmosphères (qui est le maximum que nous adoptons) jusqu'à 2 atmosphères. Sans passer par les intermédiaires, voyons tout de suite ce qui arrive pour la pression maxima ci-dessus indiquée.

Je rappelle que le cylindre a 2 mètres de course; l'air, ayant une pression de 31 atmosphères, doit être introduit à plein cylindre pendant la trente et unième partie seulement du parcours du piston (soit 0,064), pour que, agissant ensuite par sa détente complète, il soit réduit à 1 atmosphère lorsque le piston aura parcouru sa course entière de 2 mètres. La puissance développée dans cette pulsation est de 73,428 kilogrammètres (1).

Comparant ce nombre à celui qui représente la puissance développée par le dernier coup de piston (14,823), on voit que celle-ci est environ le quintuple de la première. Il faudra donc introduire l'air pendant un parcours cinq fois moindre, c'est-à-dire 13 millimètres environ, pour avoir une énergie égale dans les deux cas; et la détente complète de cette quantité d'air à 31 s'opérera sur un parcours total de 2/5^m ou 0^m.400.

D'où il résulte :

1° Que la course du tiroir de distribution de l'air dans le cylindre doit augmenter à mesure que la pression diminue dans le récipient;

2° Que si cette course est 1 lorsque la pression est 31 atmosphères, elle devra être 5 environ lorsque cette pression ne sera plus que 2 atmosphères;

---

(1) Cela est si vrai que, dans les manomètres à mercure où l'on ne compte pas la pression atmosphérique, la pression de 2 atmosphères n'est pas indiquée au milieu de la hauteur du tube, mais bien aux deux tiers. Cette division correspond à 3 atmosphères, en comptant la pression atmosphérique pour une.

(1) Première partie de la course 0,064 avec une puissance de 312,000 kilogrammes, soit. . . 20,006 kil.
Deuxième partie de la course 1,936 kil.
détente complète portée au tableau pour . 53,422

Total. . . . 73,428

3° Que la course du piston suit nécessairement le même rapport.

Il faudrait donc combiner une machine dans laquelle la manivelle s'allongeât constamment, de manière à suivre l'extension du mouvement du piston.

Mais, indépendamment de la difficulté de combiner un semblable appareil, il ne se prêterait pas aux variations accidentelles.

Le moyen qui me paraît le plus logique et aussi le plus simple est d'adopter, pour la longueur du cylindre, celle correspondante à la plus basse pression; pour la pression maxima de 31 atmosphères, le piston ne recevrait d'impulsion que pendant un cinquième de sa course environ; puis, le temps de la distribution s'augmenterait à mesure que la pression diminuerait. Deux cylindres à double effet appliqués à un arbre à double vilebrequin et un volant d'un certain poids rendraient la marche régulière.

Nous avons supposé une course maxima de 2 mètres; mais, si nous la réduisons au quart, c'est-à-dire à 0^m.500, ce qui suppose une manivelle de 0^m.250, celle de l'introduction de l'air à 31 atmosphères sera de même réduite au quart de 0^{mm}.13, soit 3^{mm}.3, course assez appréciable pour que l'on soit assuré de ne donner que la quantité d'air rigoureusement nécessaire. De plus, en laissant échapper l'air du cylindre, alors qu'il est encore à 2 atmosphères, on diminue encore la course du piston de moitié: ainsi, on le voit, la longueur du cylindre n'est pas un obstacle.

En résumé, la distribution doit suivre exactement les variations de pression du récipient, pour que la puissance soit la même à chaque tour du volant et que l'émission soit complétement utilisée. Rien ne s'oppose, d'ailleurs, à ce que cette distribution suive, en outre, les variations de résistance, afin que la vitesse soit constante à toute charge.

Entre autres difficultés d'exécution, celle résultant de la diminution constante de la pression dans le cylindre n'était pas la moindre, et il me semble que la voie que j'indique doit conduire au but, que l'on peut résumer ainsi:

Régularité du mouvement à toutes pressions, et utilisation presque complète de la force emmagasinée.

J. Mareschal.

juin 1858.

NOTE EXPLICATIVE DES COURBES DES ENGRENAGES PROGRESSIFS

Courbe n° 2.

Je commencerai par l'étude de la courbe n° 2, qui est celle qui m'a servi à construire l'engrenage progressif C de la feuille première. Je rappelle que cet engrenage doit déterminer l'ascension constante et régulière du piston, dans le cylindre de 2 mètres de longueur, depuis la pression de 2 atmosphères jusqu'à celle de 3 atmosphères (comptant l'air ambiant pour une).

CONSTRUCTION

Nous avons vu que les poulies BE et le pignon D (feuille première) doivent avoir dans ce cas 0^m.106 de diamètre, soit 0^m.053 de rayon, pour correspondre exactement en un tour complet, à la course du piston, qui est de 0,334 : prenant une ouverture de compas de 0^m.053, je trace sur la feuille deuxième une circonférence qui me représente la poulie B. Le point d'intersection B du rayon prolongé AD, avec cette circonférence, est le commencement de la courbe n° 2.

Pour déterminer l'autre point extrême C de cette courbe, j'observe qu'il devra se trouver sur le même rayon prolongé A D, puisque la course du piston doit être fournie exactement par un tour complet de la poulie B. Son écartement, au centre de rotation A, devra être deux fois celui du point B au même centre, puisque le piston, arrivé au bout de sa course, offre une résistance deux fois plus grande qu'au départ. L'extrémité de la courbe sera donc au point C, à une distance du centre A, double du rayon A B.

Pour trouver les points intermédiaires, je trace une suite de rayons A b' b'', A c' c'', A d' d'', ayant entre eux écartement de 20 millimètres, comptés sur la circonférence. Ils correspondent aux divisions b c d..... marqués sur le cylindre à 20 millimètres les une des autres, et représentant les ascensions successives du piston.

La longueur de chaque rayon ou bras de levier doit être en raison directe de l'augmentation de la résistance du piston; pour déterminer ces longueurs, j'établis une échelle de la manière suivante : La longueur A B me représente le bras de levier, correspondant à 10,330 kilog. (résistance au point de départ). J'en déduis la longueur de celui qui correspondrait à 10,000 kilog.; pour cela je divise 10,330 par 330, et je vois que le diviseur est la trente-unième partie du dividende. Retranchant de la longueur A B un trente-unième de sa longueur, le reste représente le levier correspondant à un effort de 10,000 kilog. Je subdivise cette longueur, qui me sert d'échelle de proportion. Cela fait, je porte sur le rayon A b' b'' la longueur correspondante à 10,743 kilog. donnée par l'échelle. Sur le rayon A c' c'' je porte la longueur correspondante à 11,187 kilog.; sur le rayon A d' d'', la longueur correspondante à 11,641 kilog., et ainsi des autres jusqu'au dernier rayon du bras de levier A B C D, dont la longueur A C correspond à 2 i.660 kilog., double de A B.

Réunissant les points, j'obtiens la courbe cherchée, dont le développement est de 0^m.492.

Courbe n° 1.

Examinons maintenant la courbe n° 1, correspondant à l'engrenage progressif qu'il y aurait à construire pour attirer, avec le même contre-poids de 10,330 kilog., le piston dans le cylindre, depuis le point où il commence à s'y engager, c'est-à-dire depuis 1 atmosphère (air ambiant) jusqu'à 2 atmosphères.

CONSTRUCTION

La pression étant en raison inverse des volumes, la course du piston est de 1 mètre pour atteindre la pression de 2 atmosphères dans un cylindre de 2 mètres de longueur. Les poulies et le pignon B, E, D, auront pour diamètre $\frac{1000}{3.14}$ = 0.318 et pour rayon 0.159; je trace une circonférence de 0.159 de rayon, qui me représente la poulie B.

La courbe que nous cherchons doit partir du centre même de la circonférence qui est le centre de rotation, parce que la première division de la circonférence correspond à l'extrémité inférieure du cylindre, au moment où le piston s'y engage et où l'effort qu'il supporte est nul. Le petit bras de levier, chargé d'un poids de 10,330 kilog., doit donc avoir une longueur égale à zéro, pour faire équilibre au grand bras de levier chargé d'une résistance égale à zéro. L'autre extrémité doit être en un point de la circonférence, parce que le piston, arrivé au bout de sa course de 1 mètre, éprouve une résistance de 10,330 kilog., égale à l'effort du contre-poids. La puissance et la résistance étant égales, les bras de levier ou rayons doivent être égaux pour qu'il y ait équilibre.

Pour les points intermédiaires, on remarquera que j'ai divisé la première moitié du cylindre en vingt-quatre parties égales entre elles. De même, je divise la circonférence en vingt-quatre parties égales entre elles et à celles du cylindre. Je trace les vingt rayons passant par ces divisions, et je reporte sur chacun d'eux, en partant du centre, la longueur correspondante à l'effort supporté par le piston.

Pour les quatre premières divisions, par exemple, les efforts ou résistances sont 258, 537, 836, 1,146 kilog. Je porte sur les quatre premiers rayons les longueurs correspondantes à ces résistances, et ainsi des autres. Réunissant les points, j'obtiens la courbe n° 1, laquelle développe 0^m.434.

J'ai établi l'échelle comme pour la courbe n° 2, en retranchant du rayon de 0.159 la trente-unième partie pour avoir le bras de levier correspondant exactement à la résistance de 10,000 kilog.

OBSERVATION. — Au moyen de ces courbes et des suivantes, il est facile de résoudre ce problème : Déterminer par la méthode graphique la hauteur à laquelle le piston doit monter dans le cylindre, pour qu'il y éprouve une résistance donnée en kilogrammes.

Courbe n° 3.

La courbe n° 1 nous donne la course descendante du contre-poids de 10,330 kilog. pour monter de la pression de 1 atmosphère (air ambiant) à celle de 2 atmosphères. Cette course est de 0^m.434.

La courbe n° 2 nous donne la course descendante du même contre-poids de 10,330 kilog., pour monter de la pression de 2 à 3 atmosphères. Cette course est de 0^m.492.

La courbe n° 3 indique, dans une première révolution, la course descendante d'un contre-poids de 20,660 kilog. (résistance du piston au point de départ), pour monter de la pression de 3 atmosphères à celle de 4 atmosphères, puis continuant les calculs en conservant le même contre-poids, j'ai prolongé cette courbe jusqu'à la pression de 11 atmosphères.

CONSTRUCTION

Comme pour les deux premières, je décris une circonférence dont le développement est égal à la course que le piston doit accomplir pour monter de 3 à 4 atmosphères; cette course étant de 0^m.166 (voyez le cylindre feuille 2), le diamètre de la circonférence est de $\frac{0.166}{3.14}$ = 0^m.0528 et le rayon 0,0264. Je trace les rayons correspondants aux divisions du cylindre, et je détermine leur longueur d'après la résistance opposée au piston. Le développement de la courbe, pour monter de 3 à 4 atmosphères, est de 0^m.207.

On voit maintenant, en examinant la figure, ce que j'ai dû faire pour pousser cette courbe jusqu'à 11 atmosphères, et je ne crois pas utile de donner de plus amples explications.

Courbe n° 4.

Cette courbe indique la course descendante d'un poids de 103,300 kilog. (pression du point de départ), pour monter de 11 à 21 atmosphère, et ensuite de 21 à 31 atmosphères.

La course du piston, de 21 à 31 atmosphères, étant de 0.086, la circonférence à décrire, correspondante à cette course, doit avoir pour diamètre $\frac{0.086}{3.14} = 0.027$. Ces dimensions étant trop exiguës, j'ai tracé cette circonférence à une échelle double et j'ai procédé comme précédemment.

J. MARESCHAL.

Nous ne terminerons point, Messieurs, ce long mais utile rapport, devenu désormais votre œuvre, sans signaler à votre attention toute spéciale deux modes d'application de l'air comprimé, qui, selon nous, pourront être expérimentés avec fruit.

L'un, proposé par M. Jullienne, est une charmante application du tube éolique de M. Andraud, qui ne serait plus placé sur la voie, mais adhérent à l'intérieur d'un tambour dans lequel tournerait la roue.

L'autre est l'application, offerte par MM. Mayer et Beaumont, de leur thermo-générateur à la dilatation, par échauffement, de l'air comprimé employé comme force motrice et principalement comme agent de locomotion.

Cette idée peut être féconde en résultats, et nous ne pouvons qu'en adresser ici nos remercîments à MM. Mayer et Beaumont. Quant au tube éolique portatif, proposé par M. Jullienne, les membres alors présents de votre commission ont unanimement reconnu qu'il pourrait être fait, un jour, d'importantes applications de cette combinaison nouvelle, si ingénieuse et si simple.

Enfin, notre secrétaire-archiviste, M. le docteur O'Rorcke, nous prie de vous signaler d'utiles applications de l'air comprimé, soit comme topique local, soit comme bain complet, soit comme moyen de compression ou de réduction sur certaines parties du corps.

Qu'il me soit permis maintenant de m'excuser près de vous, Messieurs, d'avoir si longtemps abusé de votre bienveillante indulgence; qu'il me soit permis surtout de finir en vous suppliant de vous associer au vœu qu'exprime ici, par ma voix, votre commission, qu'une Société sérieuse d'expérimentation de tout ce qui se rattache à l'aérodynamie puisse bientôt se fonder en France et conserver ainsi, au pays qui l'a vue naître, cette importante industrie dont l'émigration possible en Russie a si justement éveillé vos patriotiques appréhensions.

FÉLINE, *Président.*

H. GAUGAIN, *Rapporteur.*

ERRATUM. — Page 38, ligne 3ᵉ, au lieu de *se refoulait* lisez *le refoulait.*

AVIS

Le Rapport de la Commission était déjà imprimé lorsque nous est parvenu le travail suivant de M. Lindelof, ingénieur suédois, dont l'importance nous a paru telle, pour tous ceux qui s'occupent de la compression de l'air, que nous nous sommes empressé de le joindre à notre travail.

H. GAUGAIN.

TABLEAU DU TRAVAIL MÉCANIQUE DE L'AIR COMPRIMÉ.

PRESSION en atmosphères	TRAVAIL de 1 mètre cube d'air comprimé		1 cheval produit en une heure mètres cubes.	PRESSION en atmosphères	TRAVAIL de 1 mètre cube d'air comprimé		1 cheval produit en une heure mètres cubes.
	Kilogrammètres	Chevaux à une heure.			Kilogrammètres	Chevaux à une heure.	
1	0	0,000	∞	26	875500	3.243	0.308
2	14330	0,053	18,645	27	919700	3,466	0,294
3	34060	0,126	7,926	28	964300	3,572	0,280
4	57310	0,212	4,711	29	1009200	3.738	0,268
5	83170	0,308	3,246	30	1054500	3,906	0,256
6	111110	0,412	2,430	31	1100200	4.075	0,245
7	140780	0.521	1,918	32	1146200	4,245	0,236
8	171930	0,637	1.570	33	1192500	4,417	0,226
9	204380	0,757	1.341	34	1239200	4.590	0,218
10	237970	0,881	1,135	35	1286100	4.763	0,210
11	272600	1.010	0,990	36	1333300	4,938	0,203
12	308200	1,141	0,876	37	1380800	5.114	0,196
13	344600	1,276	0.784	38	1428600	5.291	0,189
14	381800	1,414	0.707	39	1476700	5,469	0,183
15	419800	1.555	0,643	40	1525000	5,648	0,177
16	458200	1,698	0,589	41	1573600	5,828	0,172
17	497800	1,844	0.542	42	1622400	6,009	0,166
18	537700	1.991	0.502	43	1671500	6,191	0,162
19	578200	2.141	0.467	44	1720800	6,374	0,157
20	619200	2.293	0.436	45	1770400	6.557	0,153
21	660800	2.447	0,409	46	1820200	6,742	0,148
22	702800	2,603	0.384	47	1870300	6,927	0.144
23	745200	2.761	0,362	48	1920400	7,113	0,141
24	788300	2.920	0.343	49	1970900	7.300	0,137
25	831700	3,080	0,325	50	2021500	7,487	0,134